新・倭館

――鎖国時代の日本人町

田代和生・著

ゆまに学芸選書
ULULA
2

ULULA：ウルラ。ラテン語で「ふくろう」。学問の神様を意味する。
『ゆまに学芸選書ULULA』は、学術や芸術といった様々な分野において、
著者の研究成果を広く知らしめることを目的に企画された選書です。

目次

新・倭館

——鎖国時代の日本人町

はじめに

「鎖国時代の日本人町」という本書のサブ・タイトルを見て、「ハテナ?」と首をかしげる方が多いかもしれない。確か三代将軍徳川家光の時代(一六三〇年代)に、江戸幕府が強力な海外統制策である「鎖国令」を発布し、日本人が海外へ行き来することはもちろん、住むことも厳禁されていたはずである。逆にこの法令によって、東南アジア各地にあった日本人町は、存在の意味を失い、つぎつぎに消滅していく運命にあったことも事実である。

しかし、現にその町は存在した。場所は日本の南でなく、九州からみて北のほう。朝鮮半島の南端の釜山《プサン》に、一〇万坪という広大な敷地をもつ「倭館《わかん》」である。正確な人口はよく分からないが、だいたい四〇〇〇~五〇〇〇人くらい。江戸時代の全期間のみならず、明治期の初めに至るまで、外国の地にあった唯一の日本人町である。もちろん、幕府公認である。そのころ日朝関係を取りしきっていた対馬《つしま》藩宗家《そうけ》が、倭館への往来や住民たちの行動を管理していた。

開港所を限定し、外国人のために施設を設けることは、古代中国に生まれた伝統的な手法である。

自国民と異国人の雑居を禁じ、あるいは密貿易を防ぐことが目的とされる。このため館の周辺を柵や塀で囲って区別し、監督官や見張り所を置いて行動の監視をするのである。江戸時代の日本をみると、長崎出島のオランダ商館、唐人《とうじん》屋敷、鹿児島城下の琉球《りゆうきゆう》館など、同様の施設があることに気づく。倭館は、その朝鮮版である。国や時代、設置にいたるまでの経緯、運営の方法など様々であるが、いずれも東アジア国際社会に共通した拠点交流のための「館《やかた》」である。

　倭館の歴史は古く、そして長い。創設は十五世紀の初め、朝鮮王朝が渡航してきた日本人を応接するために、客館として都に置いたことに始まる。その倭館が江戸時代にも置かれていたということは、両国の外交実務や貿易などが、日本ではなく、朝鮮の地で行われていたことを示している。長崎へ入港するオランダ人や中国人とは逆で、日本人が外国へ出かけて交流するのであり、その場として提供されていたのが倭館である。

　倭館の長い歴史のなかで、本書がおもにとりあげたのは、延宝六年（一六七八）釜山浦《プサンポ》の草梁《チヨリヤン》という所に設置され、二〇〇年間にわたって存続した草梁倭館（別名・新倭館）である。ごく初期を除き、江戸時代のほとんど全期間をカバーしていること、それと歴史を正確にみるために必要な、良質な史料が豊富であることなどがその理由である。場所は、現在の釜山市街の中心、龍頭山《ヨンドウサン》公園の一帯にあたる。

　ここに昔、倭館があったことを、一部の専門家を除いて、大部分の日本人は知らない。最近の高校

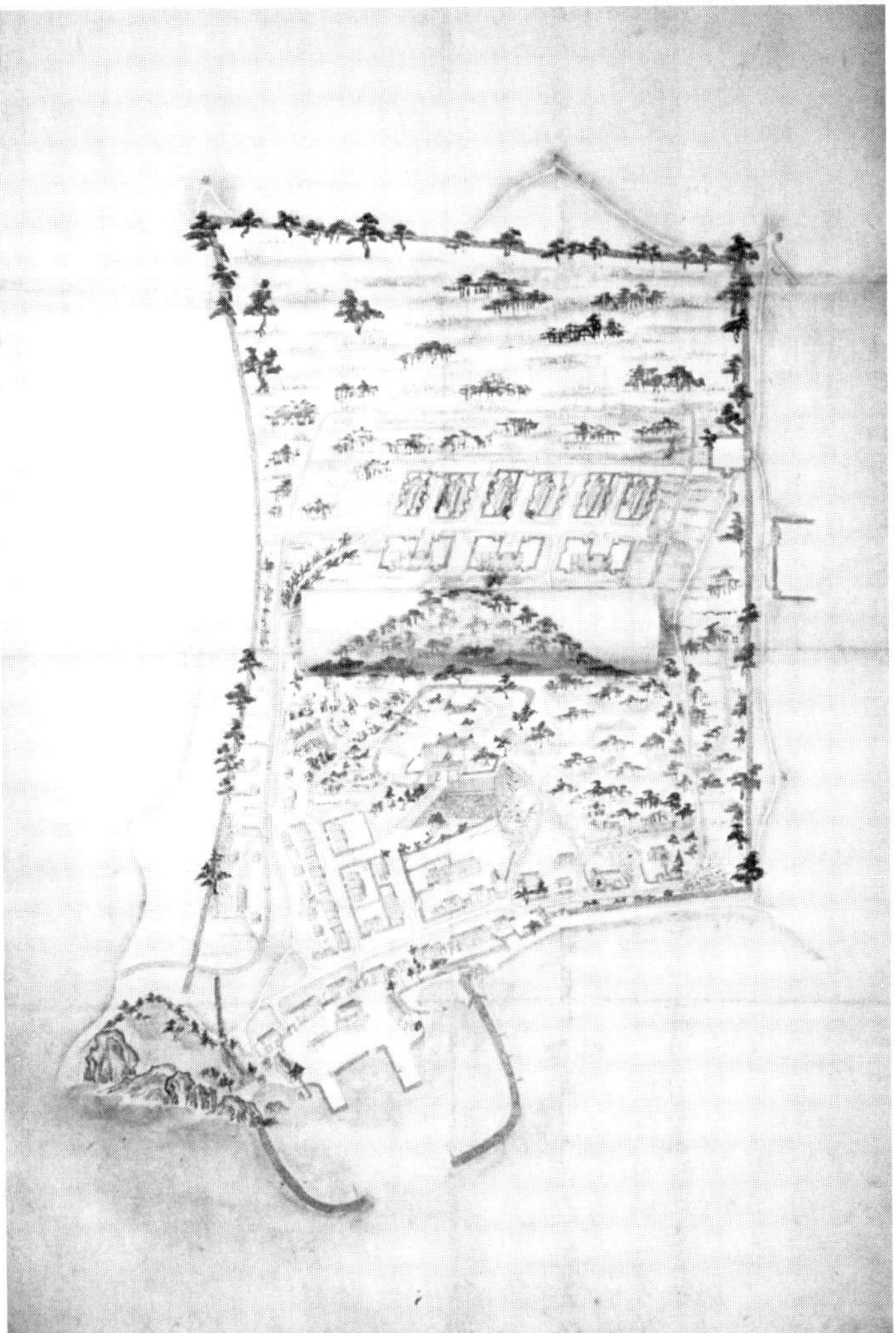

図０－１　『倭館全景図』（上が西）（長崎県立対馬歴史民俗資料館所蔵）

図0-2　龍頭山公園（倭館跡）から見た現在の釜山市街　手前の小山に倭館を見張るための「伏兵所」があった。

の歴史教科書をみても、通信使についての記述はあるが、倭館のことはほとんど触れられていない。しかしこの忘れられた町、倭館の存在は重要である。とくに江戸時代二六〇年間にわたる日朝関係は、かつてない善隣友好の時代といわれる。先の戦争によって失った信頼を回復し、善隣外交を支え、継続できたのも、両国人の頻繁な、いわば〝裏方〟に徹した交流の積み重ねがあったからである。その現場となった倭館を直視しなければ、日本と朝鮮の歴史の実態はみえてこない。

本書は、倭館そのものについてよりも、この特殊な町と何らかの形でかかわりをもち、たくましく生きた人々の姿を描くことを心がけた。そこには歴史の表舞台に出ることのない、日朝交流にたずさわった多くの無名の人々が登場する。倭館の研究書というよりも、近世日朝交流史の入門書として、気軽に読んでいただければ幸いである。

第一章　古倭館の時代

一　倭館のはじまり

朝鮮にいつ倭館が創設されたかは、明らかでない。おそらく、十五世紀の初めであろうといわれている。それも一ヵ所だけでなく、多いときには朝鮮の都と三ヵ所の港（浦所）の、合計四ヵ所に置かれていた時期もある。朝鮮に、なぜ倭館が置かれるようになったのか。その理由をたずねていくと、今をさかのぼること六〇〇年以上も昔の、日本と朝鮮の交流の姿が浮かびあがってくる。

倭館は、建国（一三九二年）して間もない朝鮮王朝によって、交易を求めて殺到する日本人への対策のひとつとして生み出されたものである。そのころまで、朝鮮には入港所を含めて、渡航のためのきちんとしたルール作りがなされていなかった。だが十四世紀から十五世紀にかけての東アジア海域は、繁雑な、かつ暴力や欺瞞《ぎまん》に満ちた人間集団で満ちあふれていた。たとえば、略奪の限りを尽くす倭寇《わこう》たち。いくら追い払っても、あちこちの港に居ついてしまう倭人（恒居倭人《こうきょわじん》）。表向きこそ有力者の使者（使送倭人《しそう》）を装うが、実はありもしない架空の島の主であったりすることもある。

朝鮮政府によるルール作りは、実にバラエティーに富んでいた。倭寇に対しては、最大の巣窟《そうくつ》と目される対馬へ出兵（一四一九年）するという強硬策を断行するかとおもえば、いっぽうで倭寇の頭目に投降をうながし、従えば朝鮮の官職を授けて「受職倭人《じゅしょく》」という立場で朝貢貿易を許してやろう、という思い切った懐柔策をとる。

支配階級の者たちへは、身分に応じて印鑑を与えた。たとえば足利将軍へは象牙の割符（折半した印鑑）を贈り、諸大名や地方の豪族たちへは図書《としょ》（実名を刻んだ銅製の印鑑）を造給するといった具合である。外交文書にそれらを捺《お》すことによって、正規の使者である証しとするのである。やりかたは中国の印綬《いんじゅ》の制（皇帝が交流を許した国王などに印鑑を授ける制度）に倣っているが、朝鮮の場合、日本国王（足利将軍）だけでなく、多数の有力者にも印鑑を与えたところが違っている。

そのなかで最も熱心な通交貿易者が、対馬島の宗氏である。宗氏の出自はいまひとつはっきりしないが、もともとは惟宗《これむね》という姓で、平安時代以来九州大宰府《だざいふ》の在庁官人の流れをくむ一族であったといわれている。対馬へ渡ってしだいに武士化していくなかで、自ら島主を名乗って宗姓に改める。宗氏の強みは、日本で最も朝鮮に近いという地の利を得ていることである。率先して朝鮮側のルール作りに協力し、島内の倭寇の取り締まりはもちろんのこと、対馬島外からの通交者の統制までもかってでている。

　こうした日本人渡航者のうち、上京を許された使節を応接するため、都（漢城）に客館が設けられた。都には、このほか中国使臣のための「大平館」、女真人のための「北平館」がある。日本人用の客館は「東平館」といったが、いつしか人々はここを倭館と通称するようになった。使節の人数が多いときには、近くの墨寺という所へ分泊したり、東平館を増設してそれを一所・二所などと呼んだというから、建物も敷地もさほど広いものではなかったようだ。

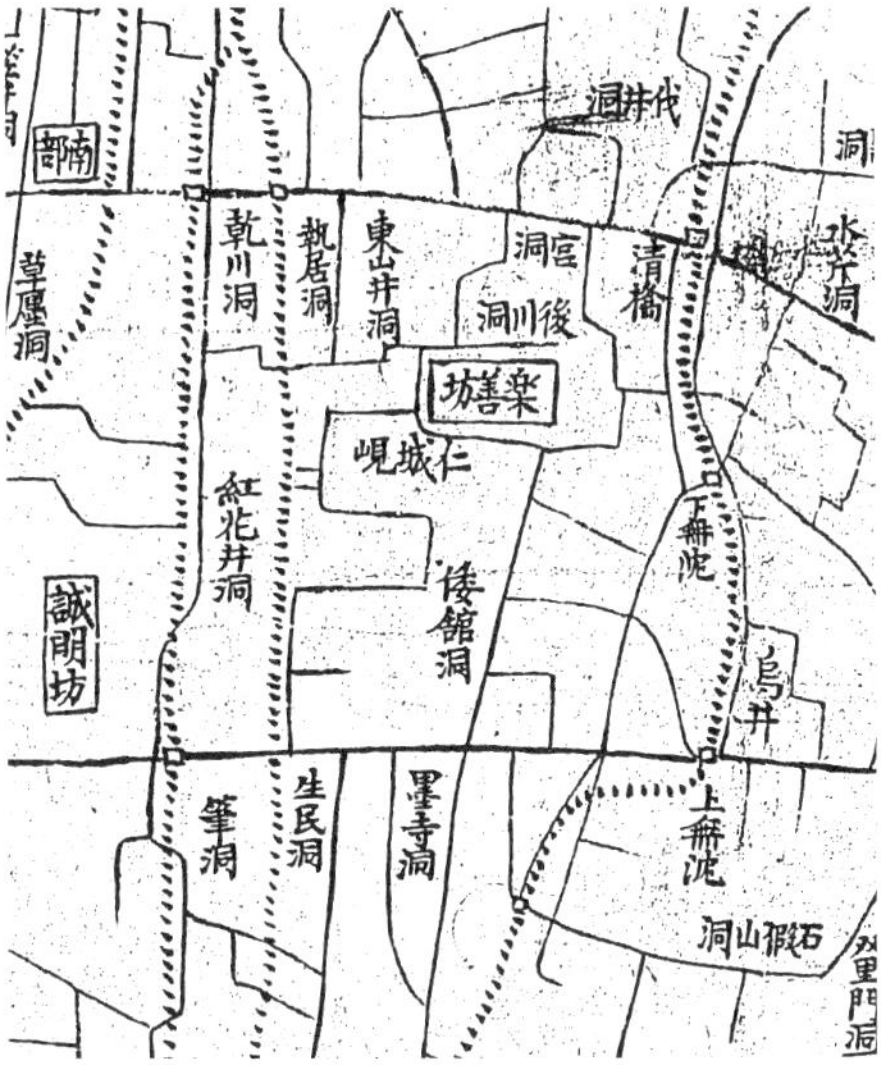

図１－１『朝鮮京城図』19世紀中期　『ソウル地図』より

　位置を朝鮮の古地図で確認してみると、すぐに見つかる。都の東西を横切る大通り、鍾路《チョンノ》の南側に楽善坊《ナクソンバン》という町があり、そこに「倭館洞《ウエグアンドン》」とある。その少し南に、分泊した墨寺のある墨寺洞《ムクサドン》もある。この倭館洞という地名は、都の倭館が閉鎖された朝鮮王朝後期（江戸時代）にも残っている。一九〇八年の銅版印刷『京城図』にも

図1－2　古地図に描かれた釜山浦倭館『海東諸国紀』より

「倭館坊」とあり、日本植民地時代の前までこの名称が使われていたことが分かる。植民地時代に、ここは大和町《やまと》と改名され、現在の地名はソウル特別市忠武路《チュンムロ》である。

都以外に、倭館という文字が朝鮮史料に登場するのは、一四一八年のことである。塩浦《ヨムポ》（蔚山郡《ウルサン》）と加背梁《カベリヤン》（固城郡《コソン》）という所にそれぞれ倭館を建て、富山《プサン》（釜山）浦《ポ》近辺に居ついてしまって帰国しない者（恒居倭人）を収容している（『太宗実録』十八年三月一日）。

ただしこの施設は、使節などを応接するための客館としての倭館ではない。商売を目的とする者（興利《こうり》倭人）そのほか不法滞在者を囲い込むための臨時の施設で、翌年には取り壊されてしまう。

客館としての浦所倭館については、一四二三年に、乃而浦《ネイポ》（薺浦《チェポ》）と富山浦の二ヵ所に、館舎と倉庫を増設するという記事がある（『世宗実録』五年十月二十五日）。客倭《きやくわ》（日本人使節）が来たとき、いちいち食料を運び込むのは面倒だから、あらかじめ食料品や食器皿を納めておき、接待に備えるようにしたい。またその出納を、それぞれ金海《キメ》府と東莱《トンネ》郡で管理するとある。内容からみて、このときすでに客館が常設されていたことは確かである。これに一四二六年、塩浦の倭館が追加され、これらを「三浦《さんぽ》倭館」と総称する。

浦所倭館は、十六世紀になると、二ヵ所、あるいは一ヵ所に減らされてしまう。原因は、倭館近辺に大勢の日本人が住みついてしまい、現地の役人や住民たちとのトラブルが絶えなかったためである。これら不法滞在者（恒居倭人）のほとんどは、対馬島出身者といわれている。その数は、十五世紀末の調査の時点で、すでに三浦あわせて三〇〇〇人以上にのぼったというから、かなりのものである。男女ほぼ同数、年少者から年寄りまで、おそらく家族ぐるみで移り住んできたのだろう。

朝鮮政府は、はじめこうした恒居倭人に対して、比較的おだやかな態度でのぞみ、許容された範囲内であれば活動を黙認していた。かれらの目的は商売や漁業で、使節の往来とともに物資の集まる浦所倭館は、かっこうの稼ぎ場である。しかし恒居倭のなかに、けっこう富裕な者が現れはじめ、近在の朝鮮住民に高利の貸付を行ったり、金を返さないと抵当にしていた土地をとりあげる者まで出てきた。土地・課税・金銭など、朝鮮の国政にかかわる問題に加えて、密猟や密貿易といった非合法な活動が、浦所倭館の周辺に頻発するようになる。

トラブルが頂点に達したのが、一五一〇年、三浦の浦所倭館で同時に起きた恒居倭による暴動事件（三浦の乱）である。事の発端は、釣りに向かう薺浦の恒居倭人四名を、海賊と誤認した朝鮮役人が斬殺したことにある。日ごろから地方官との折り合いの悪かった三浦の恒居倭は、この事態に憤慨し、一斉に武器を持ってたちあがった。

この暴徒化した集団に、かれらと利害を一致させた対馬島主宗盛順《もりより》の援兵が加わったから、ことはさらに複雑化した。役所を攻めおとして役人を殺し、熊川《ウンチヨン》城を包囲し、付近の村を略奪したりの暴虐のかぎりを尽くした。しかし、所詮は暴徒の群れである。わずか一五日後に朝鮮軍に蹴散らされて、ほうほうの体で全員対馬へ逃げ帰り、事件はあっけなく終わった。

この一件は、恒居倭を一掃したかった朝鮮側に、恰好の口実となった。一五一二年、宗氏の必死の復旧工作により、壬申《じんしん》約条が結ばれ通交が回復するが、開港所は薺浦《チエポ》一ヵ所のみとされ、倭館周辺への居住は厳禁という措置がとられた。これより倭館は、かつてのような周辺に恒居倭の居住地をひかえた館ではなく、使節の応接のための客館という本来の役割にもどされてしまう。

宗氏の執拗な交渉のかいあって、釜山浦倭館が再開されるのは、一五二一年である。これより浦所倭館は二ヵ所の時代が続くが、二〇年後に再度の事変（一五四四年　甲辰蛇《カプチンサ》梁《リヤン》の倭変）により、薺浦倭館が閉鎖され、以来浦所倭館は釜山浦一ヵ所のみとなる。さらにその後、豊臣秀吉による文禄の役（壬辰倭乱《イムジンウエラン》、一五九二年）勃発により、釜山浦倭館は日本軍の築いた城（倭城）の内部に取り囲まれて消滅してしまう。都の倭館も、戦乱時に焼失したという。

慶長三年（一五九八年）秀吉の死とともに慶長の役が終ると、倭館が再度、設けられた。場所は、釜山浦沖にある絶《チヨ》影《リヨン》島《ド》という島である。この島には野生馬が多く棲息することから、対馬の人たち

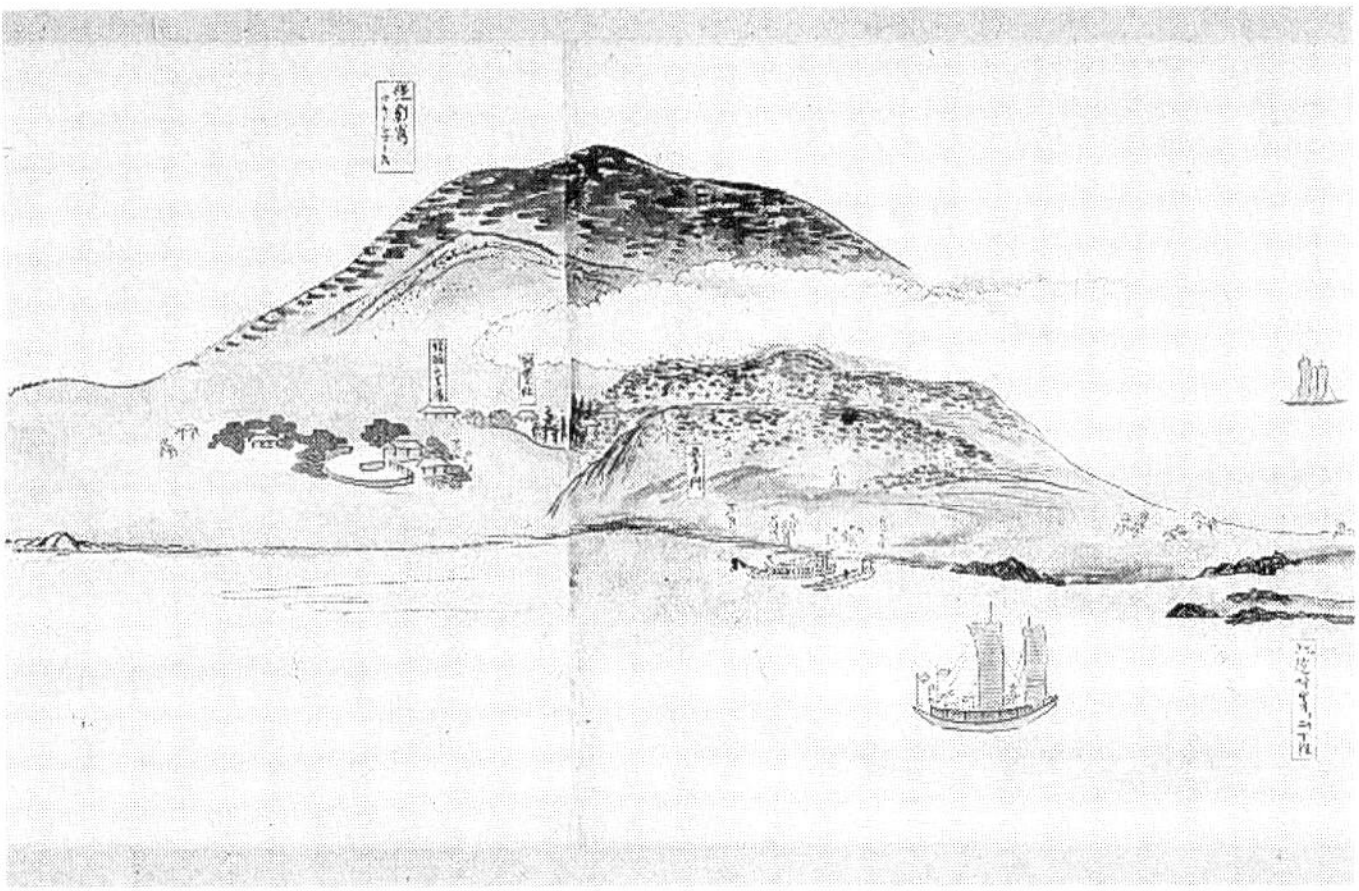

図1－3　絶影島（牧ノ島）『朝鮮図絵』京都大学附属図書館所蔵 谷村文庫

はここを「牧《まき》の島」と呼んでいる。ただし今回の倭館は、朝鮮側が正式に設置した客館ではなく、数年間にわたる関係修復の交渉を行うための「仮倭館」である。

　このときの交渉もまた、対馬島主（宗義智《よしとし》）を中心に進められた。朝鮮との断絶状態は、貿易を生命線とする対馬の死活問題であり、両国の安定こそが島民の利益であったからである。しかし戦役によって朝鮮側の受けた傷は深く、交渉は容易でなかった。和議交渉使として、慶長四年（一五九九）、家臣の梯《かけはし》七太夫、吉副《よしぞえ》左近、翌年に柚谷《ゆたにや》弥助《すけ》らが次々に朝鮮へ向かったが、一人として帰国する者はいなかったという。それはまさに死を覚悟しての、壮絶な使行であった。

　その後さらに交渉使を派遣し、また戦役で日本に抑留されていた多くの人々（被虜人《ひりょにん》）を送還するなどの努力を重ねた結果、ようやく朝鮮側が反応を示し出した。初めは文書での回答だけだったが、対馬の動向を偵察するためという名目で、朝鮮から「国情探索使」が数回にわたって派遣されるようになった。やがて宗義智は対馬に滞在していた朝鮮使節僧惟政《ユジョン》の理解を得て、重臣の柳川調信《しげのぶ》や専従の外交僧玄蘇《げんそ》らとともに上洛し、伏見城において家康・秀忠父子との接見に成功したのである。時に、徳川家康が征夷《せいい》大将軍に任じられた翌年の、慶長九年（一六〇四）にあたる。

新たな政権の座についたばかりの家康は、このことをたいそう喜んだ。高圧的な秀吉と異なり、家康の外交路線は近隣諸国との友好関係を重視した善隣外交を旨としている。ましてや「外」からの使者は、「内」に対する権力を誇示するうえにも歓迎すべきもので、そのためにも前代からの慣習である朝鮮通信使を来日させることに期待が集まった。

そこで家康は、対馬に帰国しようとする宗義智に対して、あらためて朝鮮御用役を仰せつけ、飛地領として肥前国（佐賀県）基肄《きい》・養父《やぶ》両郡内に二八〇〇石の加増を、また遠国のため江戸参府は三年に一回でよいなどの特権を与えた。このときをもって、宗氏は徳川幕府から公認された正式な仲介者として、外交交渉に取り組むことになる。

慶長十二年（一六〇七）、徳川将軍に対する第一回目の朝鮮通信使が来日したことにより、ようやく両国の講和が成立する。これに伴い、正式に倭館が釜山浦に設置されることになった。このときの倭館を、地名にちなんで「豆毛浦《トウモポ》倭館」と称し、後に新造される草梁《チョリャン》倭館（新倭館）と区別して「古倭館」ともいう。

しかし戦役をさかいに日本人の上京が禁じられたことから、都にあった倭館の再開される日は来なかった。寛永六年（一六二九）唯一の例外として、外交僧の玄方《げんぽう》（玄蘇の弟子）が上京したことがあるが、このとき客館にあてられたのは典医監《てんいかん》（王室づきの医薬提供機関）の屋敷である。かつての倭館（東平館）は戦乱時に焼失したままで、江戸時代の倭館は釜山浦一ヵ所のみとなる。

二　新たな規約

慶長十三年（一六〇八）正月、新設されて間もない豆毛浦倭館（古倭館）へ、外交僧の玄蘇と重臣の柳川智永《としなが》（調信の子）らの使節が入った。将軍の使いである「国王使」を名乗っているが、幕府はこのことをまったく知らされていない。使節名を偽るのは、大切な交渉事があるとき、格式ある使者のほうが通りが良かったからで、対馬島では以前からこうしたやりかたで重大局面を乗りきってきた〝実績〟がある。前例によって、都から宣慰使《せんいし》の李志完《イジワン》が倭館へ派遣され、玄蘇らの対応にあたった（『接待事目録抄』）。

今回、交渉の中心となったのは、貿易再開のための条件を盛り込んだ約条を取り交わすことである。この「約条」というのは、朝鮮王朝と対馬島主との取り決めを意味する。約定・協定・契約（agreement）ともいうべきもので、国家間の盟約（treaty）である「条約」とは異なる。しかしこれがないと、中世からの慣例によって、対馬から定期的な船（歳遣船《さいけんせん》）を派遣することができない。これまで約条は、

癸亥《きがい》約条（一四四三年）　五〇艘
壬申《じんしん》約条（一五一二年）　二五艘
丁巳《ていし》約条（一五五七年）　三〇艘

といったように、取り決めのたびに船数が大きく動いていた。

玄蘇らによる交渉は、難航した。同じ年の二月に、朝鮮国王（宣祖《ソンジョ》）が亡くなり、光海君《クワンヘグン》が即位するなど、国政上の理由もあったが、要は歳遣船の数をめぐって両者にかなりの隔たりがあったためである。歳遣船の数は、貿易の多寡《たか》を決定する。少なくとも戦前（文禄の役前）の数を復活させたい対馬側であるが、朝鮮側は大戦を招いたことの責任の一端が対馬側にあると主張して、頑として減額をゆずらなかった。

いったん帰国した玄蘇と柳川智永が、再度、朝鮮へ渡ったのは、慶長十四年（一六〇九）三月である。このとき使節は「大将軍の使」と称し、あわせて一三艘の船をしつらえ、正使・副使以下三二四人の大人数を従えての倭館入りである。交渉内容は、前年と同様、年間の渡航回数や渡航資格者を中心としていたが、最終的には朝鮮側の主張に沿った形で妥結がはかられた。交渉が長引けば、それだ

け貿易再開が遅れ、対馬側の経済的な損失はますます甚大になるという打算が働いたからである。約条は、成立した干支にちなんで「己酉《きゆう》約条」という。これをもって、倭館への渡航が公認されたことになる。文禄・慶長の役による両国の断絶状態に終止符を打つものとして、また江戸時代を通じて両国の通交規定にかかわる基本約条としても、その歴史的意義は大きい。

己酉約条は全文一二ヵ条からなるが、主な条文だけをあげるとつぎの通りである（『朝鮮通交大紀』）。

第一条　館待《かんたい》に三例あり。国王の使臣一例となし、対馬島主の特送《とくそう》一例となし、対馬の受職人一例となす。

第三条　対馬島の歳遣船《さいけんせん》は二十隻、内特送船三隻、合せて二十隻のこと。大船六隻、中・小船各七隻。

第六条　平時《へいじ》の受職人は、すなわち罪を免じるを幸いとし、論をあげざること。

第八条　およそ遣《つか》わす所の船は、皆対馬島主の文引《ぶんいん》を受け、しかる後にすなわち来ること。

第九条　対馬島主の処に、前例により図書《としょ》をなし給う。見様《みよう》を紙に著《あらわ》し、礼曹《れいそう》および校書館《こうしょかん》に蔵し、また釜山浦に置き、書契《しょけい》の来る毎に、憑《よ》りてその真偽を考験し、違格の船は還《かえ》して入送すること。

第十条　文引無き者、および釜山浦に由《よ》らざる者は、以《もっ》て賊と論断すること。

第十二条　他の余事は、一に前規によること。

最終条文（十二条）に、他のことは「前規」によるとあるように、この約条は中世以来の約条を踏襲している。文中に、歳遣船（一年間に派遣できる定期使船）、特送船（国内の動向などを伝える特別な使船）、受職人（官職を与えられた渡航者）、図書《としょ》（銅印）、書契《しょけい》（公文書）、文引《ぶんいん》（渡航証）など中世の用語がそのまま使用されている。それも第八条から第十条にあるように、図書を宗氏へ与え、渡航船はすべてそれを押した書契や文引を持参するようにと、中世以来の対馬島主宗氏の特権が再確認されている。

しかし個別の条文をみると、これまでのどの約条よりも厳しい内容であった。たとえば第三条は、最ももめた歳遣船の数について規定したものである。この二〇艘というのは、かつての約条（五〇艘→二五艘→三〇艘）のなかで最も少ない数である。しかも、以前は船数が規定されていなかった特送船までが三艘とされ、歳遣船の総枠内に入れられてしまっている。これによって、歳遣船は一七船までしか派遣できないという厳しさであった。

さらに、かつて島内外に大勢いた受職人は、すべて渡航権を失ってしまった。第六条に、「平時の受職人」は「罪」を免じることを幸いとするようにとある。「平時」とは戦前のこと、「罪」とは（受職人でありながら）戦争を勃発させる事態に陥らせ、かつまたこれに従ったことを意味する。これより受職人は、戦後新たに認定された者（最終的に五名）のみの渡航が許されることになる。

約条の内容はかなり厳しかったが、ともかくこれで晴れて倭館への渡航を開始することができる。幸いなことに、この約条を締結させた功績により、外交僧の玄蘇に図書が朝鮮から新たに贈られることになった。宗氏につぐ、戦後二人目の受図書人の誕生である。玄蘇の送使船は、居住した対馬の寺庵の名から「以酊庵送使《いていあん》」と呼ばれる。

新たな図書は、宗氏の一族や重臣柳川氏へも贈られた。萬松院《ばんしょういん》（宗義智《よしとし》の法名）送使・柳川送使・流芳院《りゅうほういん》（柳川調信《しげのぶ》の法名）送使・児名《じめい》（対馬島主の子供名義）送使がこれである。これら新たな「受図書船」は、己酉約条によって減額された船数を補ってくれた。

ところがいったん寛大な措置がとられると、堰《せき》を切ったように対馬側の渡航船増加工作が始まった。まず正規の渡航船に、副船（二号船）、水木船《すいぼくせん》（飲料水や船の資材を運搬する船）を添えたり、再渡といって使節を倭館においたまま船のみ往復するなどの方法をとるようになった。もちろん、朝鮮側が正式に許可したものではないが、対馬側が強引に倭館へ乗り入れることによって、恒例化してしまう。

さらに「差倭《さわ》」といって、将軍家や対馬島主の吉凶、隠居や代替わり、あるいは通信使の派遣要請から送迎、漂流民の送迎など、臨時の使節が派遣されるようになった。これらは本来ならば特送船の役割であったが、歳遣船のなかに組み込まれてしまったことから、それに代わる使節という名目である。朝鮮側では、初めこれらの差倭を規定違反とみなして接待を許さず、早々に帰国するよう警告していた。しかし派遣の目的が、国政にかかわることが多く、また漂流民などは人道的な意味もあって、これもなし崩し的に黙認してしまう。

対馬側がこうも使船の派遣数にこだわるのは、貿易が使者の往来に従って行われていたためである。乗る船の大きさ、乗船人数によって、一年間の貿易総額がまったく違ってくる。しかも米の生産がほとんど望めない対馬島では、使船の経営権を宗氏の家臣団や特権商人に割り当てる方式（使船所務《しょむ》権）が中世から続いていた。家臣へ土地を与えるかわりに、船（交易権）を与えるという、いかにも対馬らしいやりかたである。

倭館へ渡った使節は、これも船単位で進上《しんじょう》・公貿易・私貿易の三形態の貿易を行う。まず倭館に入港した正官《せいかん》以下の使者たちは、饗応場（宴大庁）で朝鮮側の担当役人である東莱《トンネ》府使と釜山《プサン》僉使《せんし》へ渡海の挨拶を行う。この儀式を「茶礼儀《されいぎ》」といい、ここで図書を押した書契を差し出す。そこには、時宜の挨拶や交渉内容、さらに朝鮮国王へ献上する物品名と数量が書かれている。

献上品は、進献の儀式のとき差し出す。この儀式を、「進上」という。もちろん朝鮮国王がこの儀式に臨席することはなく、使者は国王の象徴である「殿牌《でんぱい》」を拝む。これを「粛拝《しゅくはい》の儀」という。進上に対して、後日、朝鮮側から書契とともに「回賜《かいし》」（返礼品）が贈られてくる。この回賜の品を、時々対馬側が特定することがあり、これを「求請《きゅうせい》」という。

これら進上・回賜・求請は、いわば贈答品のやりとりであるから、相互に価値ある品物が選ばれる。たとえば対馬からの進上品は、胡椒《こしょう》・明礬《みょうばん》・丹木《たんぼく》（蘇木、スオウのこと）といった東南アジア産品が中心で、これも中世からの伝統である。このうち胡椒は、薬餌（薬効ある食物）として、また明礬、丹木は、絹の染色や艶だしに用いられ、いずれも朝鮮時代の貴族生活に欠かすことができない貴重品である。これに蒔絵の描かれた硯《すずり》箱や盆、真珠、朱紅、紋紙などの国産品が少しばかり添えられる。

以上のものは、すべて使船ごとに品目と数量が決められているが、ときおり時勢をみて朝鮮側の歓心をかうようなものも献上される。たとえば元和《げんな》から寛永初期（一六二〇年代）にかけて、対馬から日本製の鳥銃《ちょうじゅう》（鉄砲）や硫黄《いおう》、鉛などの武器や弾薬の材料がさかんに贈られている。建国してまもない後金国（のちの清国）の軍隊が、朝鮮半島の北方を脅かしていたためである。

朝鮮からの回賜品は、種類が多い。朝鮮人参、豹皮、虎皮、虎胆、虎肉、鷹、犬、紬《つむぎ》、麻布、苧《ちょ》布《ふ》、綿布、筆、墨、花席《かせき》（花ムシロ）、白紙、油紙、栗、胡桃《くるみ》、松子（松の実）等々、動植物から薬種、織物など、いずれも朝鮮国の産品でしめられる。また臨時の求請品は、朝鮮の医学書、薬材の苗、鶯《うぐいす》や朝鮮鴛鴦《えんおう》（カモの一種）、馬やノロ鹿など、こちらは将軍やその周辺の有力大名の要請に応える場合が多い。

このほか使者の格に応じて、倭館に滞在する間の食料、渡航手当、船の修理資材などの支給があり、これも一種の返礼物とみなすことができる。種類と数量の点で、回賜は進上をはるかに上回る。それはあたかも「大国が小国を恤《あわ》れむ」（『送使約條私記』）がごとき状態である。つまり進上・回賜は、朝鮮国王との朝貢関係のなかで行われる物品の贈答とみてよい。

公貿易もまた、中世からの貿易形態である。玄蘇が慶長十三年（一六〇八）、宣慰使の李志完と交渉して、再開後もこれを行うことを確認した。この貿易は、朝鮮に産しない銅・鑞《ろう》鉄（錫）・東南アジア産の丹木・黒角（水牛角）などを、朝鮮政府が公木《こうぼく》（木綿）で買いあげる方式である。

朝鮮では、上質な木綿を公課として徴収することから公木といい、銅銭や米とともに貨幣のように使う習慣があった。その品質は「まるで白羽《は》二重《ぶたえ》のようだ」と絶賛され、中世から近世初めにかけて日本で国産化されていないこともあって、高級輸入品として珍重されていた。約条締結のときに交換率（折価《せっか》）が定められ、慶長十八年（一六一三）までに船ごとの品目と数量の額が決まり、進上と同様、定品・定額制が確定する。

朝鮮側が難色を示したのが、私貿易である。「私」という字は「ひそかに」という意味があるため、しばしば密貿易と間違われるが、これも朝鮮政府が公認する正規の貿易である。「開市《かいし》」といって、朝鮮商人が倭館へ荷物を持ち寄り、役人立ち会いのもとで市を開くのである。

しかし倭館に私人が頻繁に出入りすると、とかく密貿易（潜商《せんしょう》）の温床となり、あるいは国家の機密が漏洩したり、利益を追求するあまり争いが絶えないなどの弊害が伴う。実際に中世には、これらの理由で私貿易の禁止令が出されたことがある。また玄蘇が約条の交渉を行っている最中、「釜山人李春栄」なるものが倭館で潜商の疑いで捕縛される一件があり（『接待事目録抄』）、貿易再開にあたって私貿易が容認されるかどうかは微妙であった。

慶長十五年（一六一〇）三月になり、領議政《りょうぎせい》の李《イ》徳馨《ドクソン》が国王につぎのような進言をした。「倭館で私貿易を禁止すれば、かえって密貿易を増加させましょう。また対馬側は、使節を上京させるよう執拗に願ってきますが、これを許さない代わりに、私貿易を容認してやるというのはいかがでしょう」。結局、この意見が採用され、さらに備辺司《びへんし》（辺境の警備などを担当する役所）や東莱府《トンネ》（倭館の監督官庁）によって、開市日や取扱い品目などについての意見調整が行われた。

私貿易についての新たな規定は、つぎの通りである。まず開市日は、三と八のつく日の一ヵ月に六回とすること。ただし、特別に荷物が多く集まったときなどは、臨時の「別市」も認める。朝鮮側の出入り商人は、取引額に応じて税を納めなければならず、必ず戸曹《こそう》（戸籍・税・財務を担当する役所）かまたは各道監司《かんし》（地方官）の発行する行状《こうじょう》（通交証）を受けて、貿易に参加すること。特別な禁輸品を除き、取引品目や数量に制限をつけない。

最後の禁輸品というのは、はじめ蟒龍段《もうりゅうたん》（龍の模様のある絹物。明朝から賜った朝鮮国王の官服に描かれている）だけとされたが、後になって日本側から武器を禁輸品に指定されている。しかしこれ以外であれば、何でも交易することができ、進上や公貿易のように使船ごとの割り当て額も決められていない。対馬側が私貿易に求めたのは、生糸や絹織物といった中国産品、それと朝鮮人参や虎皮など、日本へ持ち込めば高値で売れる品物ばかりである。貿易利潤をあげるためにも、私貿易の公認は重要な規約である。

慶長十六年（一六一一）、再開後、初めての歳遣第一船が倭館へ入港した。これに先がけて、対馬から三名の「専管買売」の者が倭館へ送り込まれている。おもに公・私貿易の売買交渉や決済、朝鮮側からの各種の支給物（返礼品）の受け取りや催促などを専門とする役人で、後にいう「代官」の起源と考えられる。この人数は、寛永十二年（一六三五）になると二四人にまでふくれあがっている。

かれらは使節の一員ではなく、倭館に長期滞在して貿易関係だけを担当する専従の役人である。また寛永十四年（一六三七）には、倭館全体を統括する館守《かんしゅ》が常駐するようにもなる。貿易の活発化、さらに倭館の経済的な発展にともない、中世の恒居倭人とはまた異なる、新たな住民たちが倭館に出現していくのである。

三 古倭館の風景

豆毛浦《トウモポ》倭館は、後年の新倭館と異なり、記録や絵図が少なく、建物の詳しいことは分からない。新倭館を建てるとき、相互の位置を確認するために描かれた図がある（次頁）。これによると、東方を海側に面し、南・西・北の三方を囲むように垣でめぐらしていることが分かる。門は東側にひとつだけあって、これを守門《しゅもん》という。この門の外に、佐自川《さじかわ》（略して佐川ともいう）と呼ばれる川が流れていて、その岸辺に毎日、朝市がたったという。朝市については後で述べるが、倭館の人々の生活必需品

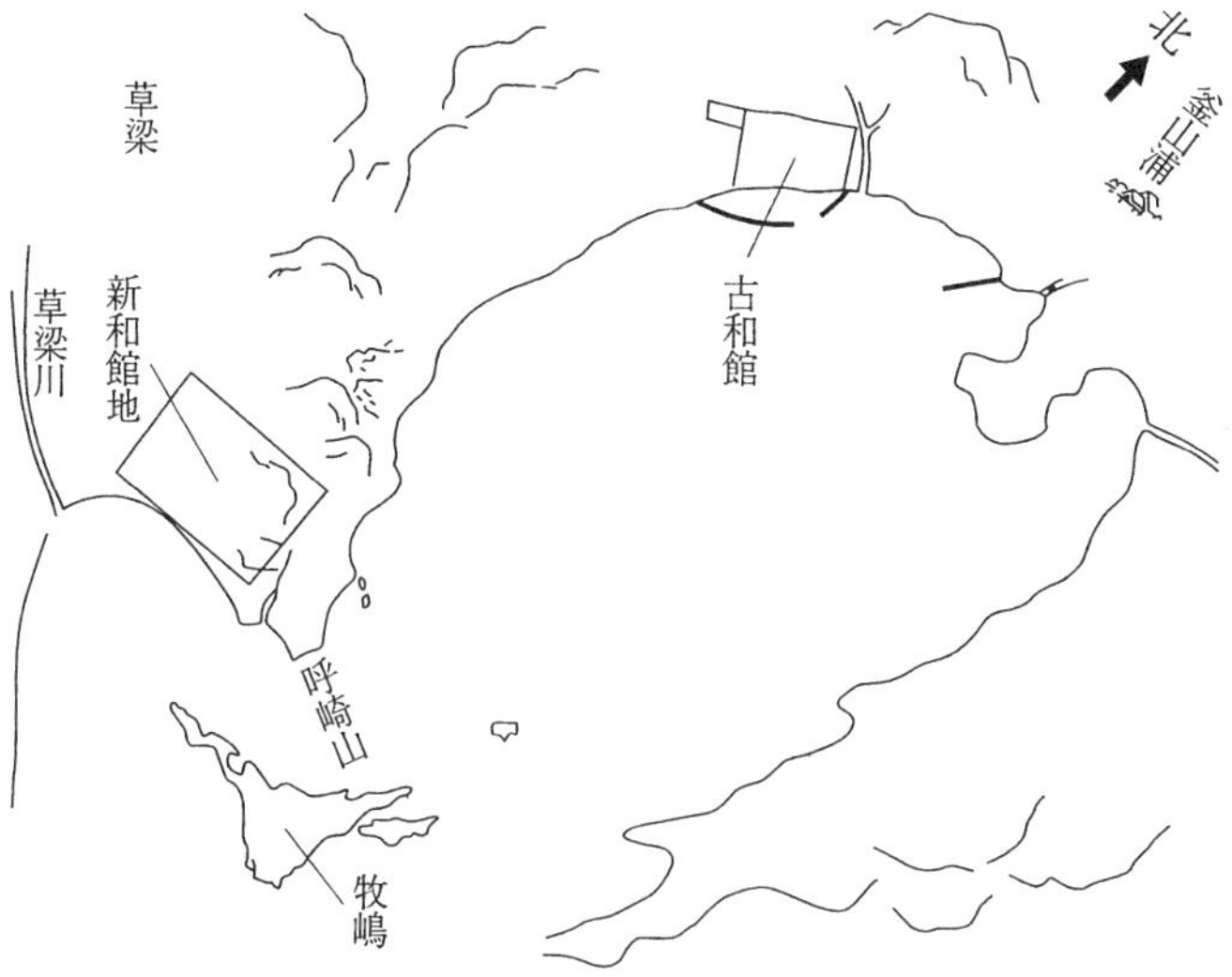

図1－4　古倭館の位置図『御国より朝鮮古和館新館え渡口之図』（長崎県立対馬歴史民俗資料館所蔵）より作図

を売りに、近所の村人が魚や野菜などを持ち寄って開く市である。

図の後方に山が描かれているが、これはおそらく亀峯山《クボンサン》だろう。敷地は、東西面が一二六歩（間）、南北面が六三歩、面積は約一万坪といわれている。所在地は、現在の水晶洞《スジョンドン》あたりである。

しかしこの倭館は、施設としてかなり問題があった。まず地形的に南風が直接あたる位置にあるため、台風などの被害を受けやすい。船滄《せんそう》（船だまり）には、簡単な水柵しかない。このため係留している船を流さないよう、通常は船を陸地へ引き上げておかなければならなかった。

内部は、宴享庁《えんきょうちょう》（使者の応接所）を中心に、東《ひがし》館と西《にし》館の二棟が建てられていたが、これにも問題があった。東館が、外の道路よりも低い位置にあり、このため通行人が館中をジロジロ見おろしながら通るので、どうも落ち着かない。おまけに完全な朝鮮式建築のため、日本人には居心地があまり良くない。

設置から四年目の慶長十六年（一六一一）、東莱府使が倭館を視察すると、日本人が集まってきて、「皆、西館に入ることを嫌い、東館にばかり集中する」「川口に海水が出入りして、砂をまきちらす」などと、口々に不満を述べたという（『倭館移建謄録』）。どうやら国土を散々荒らした日本人に、朝鮮側はあまり良い客館を提供してくれなかったとみえる。同じ年、宴享庁を館外へ移し、跡地へ西館を移すが、それでも狭いという文句はたえなかった。そのころ倭館にいた受職人三名が、東館側の空地に別棟を増築したいから材木を支給してくれと要求している（『辺例集要』）。このころから、古倭館には必要に応じて新規の建物がどんどん増築されていったようだ。

だいぶ後のことになるが、文化三年（一八〇六）小川次郎右衛門という人物が、すでに廃館となって久しい古倭館を訪れ、多数の屋敷跡を確認している。次郎右衛門は、一特送使《とくそうし》正官となって倭館へ渡り、秋の彼岸の日に古倭館にある墓参りに来たのだ。秋園戯艸《しゅうえんぎそう》という洒落《しゃれ》た雅号《がごう》で、そのときの情景を『愚塵吐想《ぐじんとそう》』という本に書き留めている。

北へ向かい、広い原っぱのなかに田畠がある所を目指して行くと、古館跡という所へ出る。中央に山があり、松の樹木や石垣なども残っている。石垣から一町（約一〇〇メートル）ほど行くと井戸があった。言い伝えによると、ここが旧東向舎の井戸であるという。そこからさらに半町余り歩くと、渚《なぎさ》（浜辺）に至り、そこに船滄の跡が残っていた。

古館跡にある石垣のうち、山手のほうはそれほど壊れていない。館守家《かんしゆや》は今、萬戸の居宅があるあたりで、今でも礎石など所々に残っているらしい。御僉官屋《せんかんや》は、村から西の方角の田んぼのなかにある。その下の通りに、東向井（東向寺の井戸）がある。村の人口には、酒屋の井戸があり、今も韓人が呑んでいるという。老頭屋《おいのとうや》の跡と思われる所に、榎木《えのき》があったという。

（絶影島の）西手山のなかばに、朝夷祭の堂がある。韓人はこれを城隍という（中略）。古館のときは、館中にあったという。

これによると、小川次郎右衛門は古倭館跡に館守家（屋）、東向寺《とうこうじ》、御僉官屋（客館）、老頭屋（日本側の番所）、酒屋などのあった位置を確認している。また、後に絶影島《チヨリヨンド》へ移される朝夷《あさひな》祭の堂（朝比《あさひ》奈《な》大明神を祀る祠《ほこら》）も、古倭館時代にすでに建てられていたという。

古倭館で亡くなった人は、近くの墓地に祀られる。ここに墓参りした小川次郎右衛門は、「墓所は二四ヶ所、笹内という所にも三ツ」あったと記している。

東北の方向へ一町ほど行くと、土橋がある。その川向こうに、開雲浦《ケウンポ》という村邑（村落）があり、ここを俗に笹内という。そこから西へ向かうと、赤土色した山があり、ここに津江氏の旧墓がある。

墓に詣った後、その傍らにしばらく休んで歌を詠むうち、何やかやと旧跡の事について感じることがあった。この山から、釜山城が良くのぞめる。釜山の浦々は、東北の間に当ると思われ、絶影島を眼下に見おろすことができる。西北の間に、黒く険しい奇妙な形をした高山があり、唐《もろこし》の風景もさぞかしこのようであろうと思いやられた。

津江《つのえ》氏とは、津江兵庫助《ひょうごのすけ》のことである。あとで述べるが、移館交渉のため東萊府へおもむき、直談判の最中に急死した対馬藩の武士である。難航していた交渉が、これを境に急展開したことから、津江兵庫助は倭館の英雄となったものである。小川次郎右衛門は、「津江氏の旧墓へ詣て、その勇徳を感して」と題し、つぎのような歌を詠んでいる。

こけむして　さてものこれる　錦草

また、山頂で眺めた古倭館周辺の歌のうち、四首ほど。

船滄の　まはらに見せし　崩巣
秋風や　もミゆかしき　釜山かな
ちらちらと　色鳥みせる　釜山城
もろこしの　影をうつすや　秋の色

このように古倭館の敷地内には、移転のころ（一六七〇年代）まで、かなり多種類の館が増築されていた。かれらはいずれも使節の一員というよりも、倭館に常駐して特殊な任務を果たしていた役人たちである。多くの墓、寺や社《やしろ》、酒屋の存在は、そうした長期滞在者がかなりの数にのぼっていたことを連想させる。

長期滞在者とその館のことは、寛永六年（一六二九）外交僧の玄方が朝鮮の都へ上京したときの見聞録『御上京之時毎日記』にも、しばしば登場する。この日記は、玄方ら総勢一九人の使節員のうち、副使役をつとめた宗家の家老杉村采女《うねめ》の家人の手によって書かれている。一行は、後金国（後の清国）による朝鮮半島侵入事件（丁卯《ていぼう》の胡乱《こらん》、一六二七年）後、情勢を探索するため都へ派遣されたもので、江戸時代、最初にして最後の上京使となる。

日記に長期滞在者が初めて現れるのは、玄方らが古倭館をあとにして都へ出立する四月六日の記事である。

北東の風。朝から昼まで天気が非常によかった。釜山（古倭館）をお立ちになり、東萊の湯の本《もと》原というところで、東萊府使のご接待があった。（中略）この東萊まで、留館衆が二〇人ほどお供してきた。

短期間で対馬へ帰る使節に対して、長期滞在者のことを「留館衆《りゅうかんしゅう》」という。文字通り、倭館に留まる者たちという意味である。これによると玄方出立の日、東萊まで留館衆ばかり二〇人もの大人数で見送ったという。湯の本原は温泉が出ることで有名で、久しぶりに温泉浴を楽しんだと思われる。

玄方らは、都で任務を終えた後、六月六日に再び古倭館にもどる。それから対馬へ出港する十四日までの九日間が、古倭館の滞在記録である。

（六月七日）今日（玄方の）腹の具合が悪く、（中略）留館の衆が皆々、見舞いを申された。代官衆は、四度の見舞いに来られた。

（六月八日）今日、長老様（玄方）と釆女様が留館へお出かけになられ、屋敷をご覧になられた。豊前（柳川調興《しげおき》の支配下）の代官衆に、屋敷を返される。代官の房（部屋）から中官門まで一七間（約三〇メートル）、入り（奥）は弥兵左（衛）門殿房内の側まで八間（約一四メートル）ある。
（六月十一日）御城（宗義成《よしなり》）よりのお振舞として、玄程《げんてい》の御寺にて、長老様、釆女様、そのほか相伴に（松尾）加右衛門・（有田）杢兵衛・代官衆が来られた。留館の者たちへは、大庁（大広間）でお振舞になられる

ここにも、「留館」の人々が登場する。また玄方らが「留館にお出かけ」とあり、その屋敷地がひとところに固まっていた様子を伝えている。このうち宗家の重臣、柳川氏の支配下にある代官（貿易の相当官）の屋敷が、玄方の宿所になっていた。まだ館守の制が成立する前で、館守家は建てられていない。玄方は「国王使」を称して都へ上京を果たしており、その格式ある使節が入るために倭館で最も大きな建物である代官屋を選んだという。部屋から門までが三〇メートル、奥行きが一四メートルと、結構、大きな屋敷であったようだ。

八日に「弥兵左（衛）門殿房」とあるが、このほか別の日に「有田杢兵衛房《もくべえ》」ともある。これは一軒家というよりも、長屋の一部屋を連想させる。有田杢兵衛は、中世以来の対馬の貿易特権商人「六十人」の一員である。上京使の一員にも加わり、また寛永九年（一六三二）から二〇年間にわたり、

「裁判《さいはん》」という特別外交交渉官に従事したことで知られている。

小川次郎右衛門が触れていた東向寺のことが、十一日の記事にみえる。この日「玄程の御寺」で宴会を催したとあるが、玄程というのは名前からみて玄方の弟子、寺は東向寺と考えてよいだろう。玄方は臨済宗幻住《げんじゆう》派に属し、そのころ対馬の以酊庵《いていあん》で外交文書を一手に取り扱っている。東向寺もまた、臨済宗の寺である。東に面した海の近くにあり、それが名前の由来となったようだ。

新倭館にも、同名の寺が建てられており、そこの僧侶を朝鮮では「書僧倭」と呼んでいる。倭館で亡くなった人の法要や通常の仏事にあたる以外、朝鮮との間に取り交わされる外交文書の起草、使用される文字や体裁の点検などにあたる。東向寺の建てられた正確な年代は分からないが、おそくとも日記のつけられたこの寛永六年（一六二九）まで遡ることは確実である。

長期滞在者が増えたのは、ひとつには日朝間の業務が複雑になり、それに応じた専任官を必要としたためである。古倭館でどのようなことが行われていたか、さらに『御上京之時毎日記』の記事をみてみよう。

まず倭館での重要行事を伝える記事が、一行らが釜山浦へもどってきてから四日目の六月九日に出てくる。

今日、出いはちが行われた。（朝鮮側からは）宣慰使と東莱府使が御出席になられた。（中略）今日のいはちに、宣慰使と東萊府使、そして長老様が、詩を交換されて遊ばれた。

この「いはち」というのは、朝鮮語「イバジハダ」がなまったもので、宴会や接待を意味する。中世の「三浦塾供《じゆつきよう》」に相当するもので、浦所で催される所定の接待が行われたことになる。「出いはち」とあることから、玄方らは宿所から出て、宴享庁へ赴いたことが分かる。都から一行を送ってきた宣慰使（応接官）、そして倭館を所轄する東萊府使らが同席するなか、玄方が得意の漢詩を披露するなどなごやかなひとときを過ごしている。

その翌日（六月十日）、貿易に関連する記事がある。

一号船（本船）と二号船（副船）の水夫の手配をした。平山久兵衛殿と私がそこに乗り、私の印判を一ツ、また久兵衛殿の印判を一ツ、二ツ宛ついた。

今日、市がたった。

玄方一行は国王使を称しており、己酉約条によって本船と副船の二艘編成であることを定められている。その両船への乗組員の手配や書類（帳簿か）の確認などが、あわただしく進められている様子である。印判をついている平山久兵衛という者は、先の有田杢兵衛と同様、貿易特権商人「六十人」

の一人で、今回の使節にも同行している。

ところで、右の記事に「今日、市がたった」とある。私貿易（開市）、それも別市（臨時の市）が開かれている。この日取引された品物の詳しいことは分からないが、十二日に一号船と二号船の積込作業が行われた記事がある。

今日、二号船に御物を三十六丸、そのほか長老様と釆女様の荷物を積む。久兵衛・加右衛門・杢兵衛の手配により積み込みを終え、（出港のため）黒嶋へ乗りうけた。

一号船にも、長老様と釆女様の荷物を少しばかり積む。われら（従者たち）の荷物も、皆積み終えた。

ここにいう「御物《ぎょぶつ》」とは、単位（丸）と表記の仕方からみて、中国産の白糸《しらいと》（上質の生糸）を指していると考えられる。後で触れるように、白糸は京都の生糸業者の間で高く売れ、最も利益のあがる輸入品である。

この日積まれた三六丸（一丸＝五〇斤）は一八〇〇斤にあたり、一回の私貿易での取引量としてはかなり多い。このころ朝鮮・中国間の交易路が、戦乱によって不安定だったことを考えると、玄方たちがこれだけ大量の白糸を入手できたことに驚かされる。価格は分からないが、白糸は現銀取引であるから、かなり大量の銀が倭館へ持ち込まれたことは確実である。

一号船にも荷物は積まれたが、貿易品の輸送の本命はどうも二号船の方のようだ。この日、立ち会った（松尾）加右衛門は、（平山）久兵衛、（有田）杢兵衛と同様、「六十人」商人でかつ上京使の一員である。おもしろいのは、二号船の動きである。この日、積み荷作業を終えた二号船は、一号船を残して早々に出港してしまう。白糸など、貿易品を一刻も早く市場へ持ち込むためである。玄方ら使節一行のスケジュールに合わせることなく、単独に行動する使船の運用が、このころすでに行われていることを物語っている。

実はこの二号船、玄方らが都からもどった同じ六日、対馬から倭館へもどってきたという記事がある。

子の刻（夜中十二時）ごろ、対馬から二号船が参着した。お城からの書状などを持参しており、殿をはじめ皆々ご無事であられるとのこと。（上京使の帰国を祝して）祇園会《ぎおんえ》で演じる能の配役などを仰渡されておられた。

つまり二号船は、玄方が朝鮮に滞在する間に、一度、倭館と対馬を往復する再渡《さいと》を実行していたことになる。再渡にあたり、朝鮮側と格別なトラブルを起こしている様子もみられない。実質的な貿易額の増加をもくろんだ工作が、もはや日常的になっていたことをうかがわせる。このように、使船の運行を巧みにあやつり、貿易の拡大化をはかったことが、実務の繁雑さを招き、それが倭館における常駐者の増大につながったと考えられる。

するど、どのようなことが起きるのだろうか。当初、客館をイメージして設計された倭館は、あらたな住民の出現によって、間もなく空間的な過密状態に陥ってしまう。倭館の外で生活することを許されない現状にあって、倭館は中世とはまた違う意味の「恒居倭」を内部にとりこまなければならなくなった。そこでさらに、居住のための館が増築される。古倭館は様々な欠陥を抱えていたといわれるが、それは地形的な立地条件だけではない。大半の原因は、長期にわたり滞在を続ける「居住者」自身にあったというべきであろう。

四　中世との決別

寛永六年（一六二九）、上京使玄方らが朝鮮の都にのぼったころ、対馬の内部は一枚岩でなかった。実力派の重臣、柳川氏が主家である宗氏と対立しており、玄方は劣勢にあった宗義成《よしなり》の側にいた。玄方の古倭館での宿所が代官の館であること、それが柳川氏所有であることは前に述べたが、実はこれは強制的に提供させたものである。

そのころ柳川氏の当主は、三代目の調興《しげおき》である。江戸に生まれ、家康・秀忠・家光の三代の将軍の側近く仕えるという異例づくめの重臣は、祖父（調信《しげのぶ》）や父（智永《としなが》）と違って対馬へ帰国することを嫌い、自らは一度も朝鮮へ渡ることがなかった。倭館のことは、全部、家人の代官任せである。かつて宗義智《よしとし》へ与えられた肥前の飛地領二八〇〇石のうち一〇〇〇石は、智永の時に柳川氏へ分け与えられている。それも家康の直命というから、一大名家の陪臣《ばいしん》の地位を越えている。卓越した勢いは、しだいに主である宗義成を軽んじ、対立の構造が生まれる。

丁度、玄方らが代官屋を接収したころから、柳川氏との対立はさらに深刻化していた。これを老中が仲裁するうち、朝鮮国へ届けられた国書は、対馬島内で勝手に偽造したものだ、という爆弾発言が調興の口から飛び出す。実際、宗家では大事な使節には国王使を名乗らせ、時にありもしない国書を偽造したり、渡された国書を部分的に書き替える改ざんという手段をとっていたから、これは大変なことである。

はじめは単なるお家騒動とみられていたものが、にわかに外交疑惑のからむ国際事件に発展してしまった。事の重大性をかんがみて、幕府は朝鮮への渡航をいったん中断させ、関係者を江戸へ集め、審理の場には将軍家光自らが臨席するというものものしさである。これが寛永十二年（一六三五）、対馬宗氏の存続が問われた大事件「柳川事件」である。

ところで国書の偽造というと大層なことのように聞こえるが、宗氏やその周辺の人々にとってはどうということのない作業である。実は対馬ではかなり以前から、日朝関係を取りしきるうえでそれを行ってきた歴史がある。朝鮮がかつての足利将軍や大内氏、そのほか有力者へ与えた図書《としょ》（銅印）などを勝手に用いて、公文書を偽造していたものである。使用する印鑑類は宗氏の役所内に保管され、家臣へ土地にかわる朝鮮渡航権（使船所務権）を与えるために使用されていた。耕作地の乏しい対馬ならではの方法であり、こうした対馬領内のやりかたが、自然と「偽使《ぎし》体制」を生んでいたのである。

近年、こうした対馬での印鑑の不正使用を証明する、大発見があった。対馬に長年秘蔵されてきた重要古文書類が島外に流出し、地元で史料の保存運動が起きてこれをマスコミが大々的にとりあげたことがある。一九九五年、偶然にも筆者はその貴重な古文書類を調査する機会に恵まれ、同時に十六世紀の朝鮮王朝が造給した二三個の図書の実物と、その模造印と考えられる一四個の木印を目のあたりにすることができた。

発見された印鑑類は、対馬島主が他人名義の使者をかたり、朝鮮へ派遣することがもはや日常的だったことを証明しており、いわば「偽使体制の痕跡」といえるものである。当時、国内に現存していた図書は、たった一個だけだったことから、一度に二三個の大量発見は大ニュースである。しかし後になって分かったことだが、木印のほうがもっと貴重だった。そこには足利将軍が朝鮮や琉球への国書に使用する「徳有隣《とくゆうりん》」が四種類、大内氏が朝鮮から与えられた印鑑で、中央半分を切断した「通信符」が二つ、そして朝鮮国王が国書に押す「爲政以徳《いせいいとく》」印がひとつ、含まれていたのである。

これらの木印の存在は、日本と朝鮮のトップクラスの公文書が、偽造や改ざんされていたことを証明している。とくにおもしろいのは、「爲政以徳」印である。その印影を現存する朝鮮国書と重ねてみると、江戸時代に使用されたものとはまったく合わない。それよりも前の天正十八年（一五九〇）、秀吉のもとへ遣わされた朝鮮通信使が持参した国書の国王印に、寸法とも合致している（次頁図参照）。朝鮮国書の偽造は、徳川時代に始まるものと漠然と考えられていたが、この木印の発見で豊臣時代にまでさかのぼることが初めて分かった。

前に述べた己酉約条は、その第九条で図書の使用は対馬島主に限るとしている。このことは、裏をかえせば中世に不正使用されていた諸々の印鑑類が、今後一切使用できなくなったことを意味している。約条は、結果的に「偽使体制」を大きく崩壊させたことになる。

しかし、それでもまだ完全な破壊にはいたらなかった。現実には、朝鮮国王や徳川将軍の国書の偽造と改ざんが、江戸時代に入ってからだけで一〇回以上は行われており、これとても関係者が黙して語らない限り、露顕する可能性は極めて薄かった。

この対馬秘中の秘ともいうべき裏わざが、いとも簡単に幕府に知られてしまう。それもすべてではない。一族に火の粉がふりかからないよう

図1-5　木印「為政以徳」　九州国立博物館所蔵

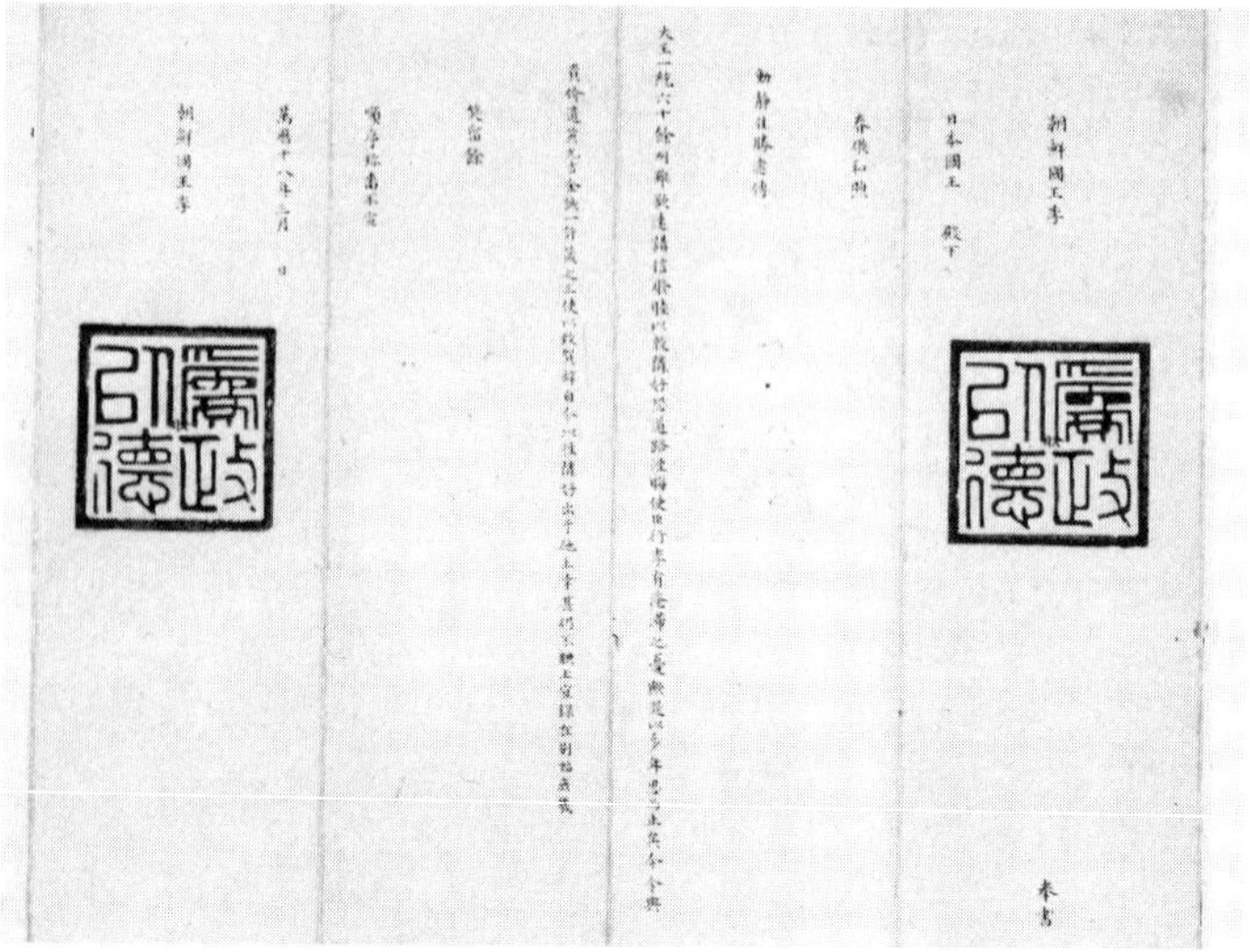

図1－6　萬暦18年（1590）豊臣秀吉宛、朝鮮国王宣祖国書　『朝鮮国王李昖贈豊太閤書并貢物目録』　宮内庁書陵部所蔵

に、柳川氏が関与しなかった元和七年（一六二一）と寛永六年（一六二九）の二回の国王使に限ってばらす巧妙さである。いずれも、玄方が正使をつとめていた。

だが柳川氏優勢という大方の見方を裏切って、江戸城における審理の結果はあっけなかった。宗氏はおかまいなしとされ、これまで通り朝鮮との関係維持につとめ、来年通信使を来日させるようにと命じられる。以来明治時代にいたるまで、仲介役をつとめる宗氏の役割に変わりはなかった。罪に問われたのは、玄方、そして柳川調興であるが、それとて南部と津軽への流罪という軽さだった。

外交僧玄方が不在になったため、対馬以《い》酊《てい》庵《あん》には京都五山の僧侶が交替で派遣され、外交文書の起草と査察をはかることになった（以酊庵輪番《りんばん》制）。これによって宗氏は、二度と国書の偽造や改ざんを行うことができなくなった。しかし柳川氏が密告しなかった偽造や改ざんの可能性については、その後まったく追求されることがなかった。幕府は、ひたすら従前通りの日朝外交を継続できるよう、宗氏の温存をはかったのである。

事件は多くの謎を残しながらも、確実な変化を対馬にもたらした。それは己酉約条後も生き長らえていた「偽使体制」が、事件とともに完全に崩壊したということである。この〝中世の終焉〟は、そのまま近世的な通交貿易の始まりを意味する。他人名義の使節を偽装することができなくなった代わりに、朝鮮側の許可を得て柳川氏や玄方の所有していた受図書《じゅと しょ》船《せん》、さらに五名分の受職人の権利が、すべて宗氏の支配下に入った。家臣団が所有していた渡航権（使船所務権）も宗氏へ返上され、やがて「藩」というひとつの政治機構を軸にした朝鮮渡航が行われるようになる。

さらに朝鮮側からの申し出によって、使船の渡航が整理されることになった。交渉役をつとめた通訳官の洪喜男《ホンヒナム》によれば、一特送船が二および三特送船を兼帯《けんたい》し、歳遣第四船が第五船～第十七船を兼帯し、例賜《れいし》の物（使船に割り当てられた朝貢品や公貿易品、使者の渡航費や食料等）は、適宜代官あてに送って年一回の決算で処理したいということである（『増正交隣志』）。

この兼帯というのは、ひとつの使者がいくつかの使者を兼ねて、まとめて外交文書を持参することを意味する。こうすれば、倭館で行う応接儀礼の回数が減り、その分朝鮮側が煩雑な準備から解放されるのである。案にしたがえば、己酉約条に定められた二〇艘のうち、実際に使者が乗船するのは、一特送船と歳遣第一・第二・第三・第四船の、五艘分となる計算である。

これがもし渡航数の減額になるのであれば、対馬側は納得しなかっただろう。しかし兼帯された船には、使者こそ乗らないが、後で簡易な渡航証（吹嘘《すいこ》）を持参して倭館への往来ができる。規定された貿易総額は、完全に保証されていた。

寛永十四年（一六三七）、「兼帯の制」による倭館への渡航が開始されると、朝鮮側が最初に意図したこととは別の意味で、これがまことに合理的なシステムであることが分かった。これまで倭館への船の渡航は、常に外交と貿易が、一体化された形で運営されており、使者単位の固定した通交貿易が主体になっていた。ところが兼帯された船には、使者も公文書もないから外交が伴わない。

使者から解放された船は、貿易品の輸送だけに全力を注ぐことができる。使者の往きと帰りで、同じ船を用いる必要もない。公的な貿易も、使者の往来とは切り離される。使者・貿易・船の往来がそれぞれ別個に運用された結果、効率が増し、貿易利潤の良い私貿易の経営に集中することができた。兼帯は、日朝間のありかたを、これまでの使者単位の「中世型」から、私貿易主体の「近世型」へ移行させていったのである。

「兼帯の制」実施と同じ年、古倭館にも大きな変化が訪れた。寛永十四年（一六三七）十一月に倭館へ派遣された内野《うちの》権兵衛（平成連）は、差倭（臨時使節）という名目にもかかわらず、到着後ただちに使節の待遇や公文書の体裁、儀式の改善などを盛り込んだ七ヵ条の要求書を朝鮮側へ提出してきた。その倭館滞在は二年間の長きに及び、寛永十六年（一六三九）嶋雄権之介《しまおごんのすけ》（平智連）と交替して帰国の途につく。

倭館全体の統括・管理に当たる「館守《かんしゅ》」の制度が、始まったのである。当初、朝鮮側ではこうした新しい役人の出現の意図をはかりかねていたが、二代目の嶋雄権之介のときから「館守倭」と呼んで接待基準を設けたため、対外的な地位が確立することになる（『通文館志』）。

この館守の出現は、倭館の歴史をみていくうえで重要である。これまで古倭館には、比較的長期にわたって滞在する代官（貿易担当）、裁判（特別交渉官）、東向寺僧（公文書担当）などがいたが、館守はそれらとも質的に異なる。館守の役割は後で詳しく述べるが、朝鮮半島や中国大陸の情報収集、犯罪者の取り締まり、倭館施設の充実の交渉まで、実に広範に及んでいる。

このうち情報収集は、幕府からの要請に応えることを意識しており、時に館守は国家的な交渉の場にも立ち合わねばならない。倭館は、一種の在外公館としての役割を果たしていたことになる。犯罪者の取り締まりは、館内の治安維持だけでない。滞在者の身の安全や財産を守るため、時に外部からの圧力に対抗し、法的な措置を求めて朝鮮政府と交渉しなければならない。

倭館施設の充実は、そのころ最大の問題とされたことで、港湾施設の改善や、貿易品を収納する倉庫の増設など、倭館が商館としての機能を増していたことを示している。館守に課せられた広範な任務は、倭館がすでに客館だけの機能にとどまらず、日本人の居住区域として多面的な役割を果たし始めたことを意味している。

かつて倭館の長期滞在者は、朝鮮側から「留館倭人」と呼ばれ、中世から問題視されていた。使船渡航者が規定の日を過ぎても帰国せず、倭館に居座《いすわ》り続けるため食費がかさむ。これを「加留《かりゅう》の弊《へい》」という。密貿易を誘発し、付近住民とのトラブルの原因にもなる。ともかく中世の留館倭人は、朝鮮側からいわせれば悩みの種の、不法滞在者以外の何者でもなかった。

ところが古倭館の時代になると、留館倭人は再び増加したものの、大半が何らかの役割を任じられて対馬から送り込まれてくる者たちである。中世と質的に異なる留館倭人の存在は、朝鮮側の容認できる範囲であった。もちろん、かれらを統括し管理してくれる館守の制度は、歓迎すべきものである。

しかし、ここに新たな問題が生まれる。客館として建てられた古倭館の限界である。「狭い」「不便」「環境が悪い」など、倭館への不満が長期滞在者を中心にあがってきた。はじめての倭館移転要求が出されたのは、館守が常駐するようになった三年目の寛永十七年（一六四〇）である。これを皮切りに、新たな倭館への模索が始まる。倭館も、中世と決別し、近世化の時代が到来したのである。

第二章　二〇〇年の日本人町

一　長引く移転交渉

豆毛浦《トウモポ》倭館（古倭館）への不満は多々あるが、すんなりと新倭館誕生とはいかなかった。朝鮮側にしてみれば、倭館はあくまでも使節を応接するための客館であって、長期滞在者のためにあるのではない。狭いということならば、留館者が帰ればそれで済むことである。ましてや移転には、莫大な費用がかかる。決めた場所が良くないからといって他所へ移しても、そこが悪ければまた移転要求が出されよう。

加えて対馬側の交渉のしかたも、悪かった。寛永十七年（一六四〇）、初めて倭館の移転要求が出されるが、その理由に「このごろ後金（後の清国）軍が朝鮮半島へ南下しているとの噂がしきりで、いつここが戦乱に巻き込まれるか分かりません。ついては以前、日本軍が築城した釜山《プサン》城を改築してそこへ倭館を移し、兵器を備えるなどしたいと思います」としている。中世の浦所倭館の時代、釜山城近辺に倭館があったといういきさつもあるが、こともあろうに倭城に兵器を備えて籠《こも》りたいなどという要求である。朝鮮側としては武器の一件を重視し、即刻、この申し出を拒否してきた。

しかし設置されてから三〇年もたてば、建物の老朽化は避けがたいものがある。そこで正保《しょうほう》三年（一六四六）になり、やっと豆毛浦倭館の大修理が許可された。このとき特に対馬側の要請をいれて、日本人大工の派遣が認められる。畳敷の部屋、ふすま、障子など、日本式の居住空間が、初めて倭館に出現することになる（『釜山府史原稿』）。

それから一二年過ぎた万治《まんじ》元年（一六五八）、前年に死去した藩主宗義成の遺命という名目で、倭館の移転交渉が再び始まる。このときも前例にならって、移転先に釜山城を望んだが、やはり同じ理由で拒否されてしまう。すると対馬側は、翌年、いきなり候補地を変更してきた。今度は豆毛浦倭館の港湾としての弱点を理由に、かつて倭館が置かれていた熊川《ウンチヨン》（薺浦《チエポ》）、あるいはそれより東の多大浦《タデポ》、また他に良いところがあればと、かなり柔軟な態度である。しかし、このときも朝鮮側は船滄を深く掘り下げて、石垣を築くなどの補修工事で済ませてしまう。移館は絶対に許さないという基本方針は曲げず、その後も対馬から文句が出るたびに改築や増築など、小さな工事を繰り返すばかりであった（『辺例集要』）。

二度目の交渉からさらに一〇年ほどたった寛文七年（一六六七）、倭館に大火災が発生した。江島奥右衛門という者の専有する小屋から出火し、折からの強風にあおられてほとんどの建物を焼失してしまう。ほかの倉庫には、まだ値段の交渉がつかずに保管していた朝鮮人参や、島民の大切な食料となるはずだった朝鮮米が収納されており、それらと、出入り商人との貸借を記録した帳簿類までも焼けてしまい、使節も住民も二ヵ月以上、仮設小屋で過ごさねばならない日々が続いた（『分類紀事大綱』）。

朝鮮側の協力もあり、少しずつ再建が進められたが、このまま倭館を修復していくよりも、いっそのこと別の広い地域へ移転を願おうということになった。このころ貿易が盛んになり、人・船・商品の出入りが混雑して、倭館が日増しに極限状態に近づいていたことも事実である。またこれと同じ年、博多の商人伊藤小左衛門を銀主とする総勢九〇人以上の大密貿易団が捕縛され、禁輸品の武器を朝鮮へ持ち込んだり、宗家しか発行できない吹噓《すいこ》（通交証）を使って、自由に日本・朝鮮間を往来していたことが発覚する。事件は、吹噓の発給をめぐって外交問題にまで発展し、その過程で通交者の規制強化と、通交の要所である倭館の機能の充実がとりあげられ、この延長線上に移転交渉が再燃した。

寛文八年（一六六八）・同九年・同十一年と、続いて交渉使が派遣され、とりわけ寛文十一年（一六七一）二月、倭館へ着いた正使津江《つのえ》兵庫助《ひょうごのすけ》（平成太）と副使で西山寺（対馬の臨済宗の寺）の僧侶玄常《げんじょう》らは、かなり強硬にかつ執拗《しつよう》に朝鮮側に迫った。これまで通り、のらりくらりとかわそうとする朝鮮役人を相手に、兵庫助は接待の宴席へも出席せず、規定の食事や礼物などの提供も断る。倭館移転は朝鮮の国政にかかわる重大事であり、大臣らと合議のうえ、国王自らの決定を待たねばならないといえば、上京して国王や大臣らと直談判《じかだんぱん》したいと主張する。ついに兵庫助は、倭館を飛び出して東萊府《トンネ》まで押しかけ、ここに留まって移転許可をとりつけるまでは一歩も退かないという実力行使に出た。これを「闌出《らんしゅつ》」（無断外出）という違法行為とみなし、倭館へ押し戻そうとする朝鮮側。

そうこうするうち、十一月にまたもや大火災が発生した。今度の出火元は、朝鮮の土をこねて茶碗などを焼く窯場《かまば》である。日常的に火を扱うため、火の元には十分注意してきたはずである。この火災により、倭館は「家屋一宇も残らず焼失」の状態になり、焼け出された人々は付近の民家に間借りしなければならない有様であった。果たして過失なのか、あるいは館外・館内どちらかの者の付け火（放火）かもしれない。不穏な空気が漂うなか、今度は交渉の主役であった津江兵庫助が、東萊府の客舎で突然死するという異常事態が起こった。

亡くなった当日（十二月三日）、副使の玄常が対馬へ送った手紙に、兵庫助の最後が語られている。

津江兵庫助儀、去る（十二月）二日の晩四つ時分（午後十時ごろ）、はからずも中風の症状が起こり、左の手足など半身不随の状態になってしまった。早速、灸治などしてくれる朝鮮医師の李判事を（東萊府へ）呼び出し、脈など看立ててもらったところ、中風に間違いないとのこと。針を立ててもらい、薬の配剤（処方）をしてもらう。釜山浦（豆毛浦倭館）へ連絡し、医師の三山玄伯《みつやまげんぱく》と中村三統が薬箱を持参して駆けつけ、右の配剤の薬を調合してもらう。服用されたものの、大病のため養生叶わず、三日の朝五つ時分（午前八時ごろ）死去される。誠にもって不慮のこと、言葉もない（『分類紀事大綱』）。

最後の「不慮」の言葉からも、そのときの狼狽ぶりがうかがえる。朝鮮医師に鍼《はり》と薬の処方箋を依頼し、薬箱を持って倭館からかけつける日本人医師二名が調合、服用させたが回復に至らなかったとある。倭館住民の健康を預る医師の常駐や朝鮮医師の看立てなど、医学史の立場からみてもなかなか興味ある内容だが、ここで示唆されている兵庫助の死因は、どうみても脳卒中である。

にもかかわらず、この劇的な兵庫助の死をめぐって、さまざまな憶測が釜山一帯に飛びかった。「病死だ」「いや、交渉に行きづまって切腹したのだ」「いや、東莱府の誰かに毒殺されたのだ」と。噂は噂を呼び、まことしやかに倭館の人々の間をうず巻いていく。相互不信のなかにさらに不穏な空気が生まれ、原因不明の失火が頻発する。正念場とみた対馬藩は、年が明けてもなお東莱府に留まっていた副使以下をいったん退かせ、あらためて家老の杉村采女《うねめ》（平成令）を朝鮮へ派遣して移転交渉を継続させた。

いっぽう江戸幕府に対しては、以前から移転にかかわる報告をしていたこともあり、倭館大火を理由に予定されていた藩主（宗義真《よしざね》）の江戸参府を延期してもらう措置をとる。「東武（幕府）も、倭館の大火に心を痛めておられる」。これは、倭館の移転交渉に公儀が強い関心を示しているという朝鮮側へのアピールでもある。

このころになると、移転は絶対に認めないとする朝鮮側の姿勢に、微妙な変化が出てきた。杉村采女が持参した藩主宗義真の書契に、「鰐浦《わにうら》の渡しを佐須奈《さすな》に移し、大船越《おおふなこし》を嶄鑿《さんさく》（掘りうがつこと）して、直《じか》に舟程の要路を開く」とあることに注目し、船舶航行の安全のためにも移館を許可してあげたほうが良いのでは、と進言する重臣が出てきたのだ。これはおそらく対馬側が豆毛浦倭館を不適とする理由に、潮流の関係をあげていたことと重なっている。

これに関連して寛文十二年（一六七二）、対馬藩は夏場の朝鮮渡航用の港として佐須奈を新たに開き、大船越の瀬戸《せと》を掘り切り、東西の水路をつなげる大工事を行った。対馬府中から、倭館への安全な直行ルートを確保するためである。これと併せて、「我藩では莫大な費用を投じたのだから、その先の倭館も航海上良好な場所にあって欲しい」という主旨の請願を重ねる。日朝間の航海の安全、それと通交者の統制強化が移転理由にされたのである。

やがて国王（顕宗）ならびにその周辺の者たちの考えも、しだいに許諾のほうに傾いてきた。しかし、ひとつだけ困った問題がある。それは、対馬側が「安全な直行ルート」の候補として、熊川《ウンチヨン》（薺浦《チエポ》）をあげたことである。ほかに、順天《スンチヨン》、巨済《コジエ》などの地名もあがったが、いずれにせよ年貢米の輸送や軍事上の理由をもって、一部重臣たちが移転反対を唱える根拠となっていた。

そこで朝鮮側は延宝《えんぽう》元年（一六七三）四月、洛東江《ナクトンガン》以西への移転については、国政上の事情があって許可したくない方針であることを杉村采女へ打ち明ける。裏をかえせば、洛東江以東であれば良いというサインである。六月になり、初めて候補地に「草梁項《チョリャンハン》」の地名が出てくる。「項」は、朝鮮の訓読みで「モク」といい、峠《とうげ》のことである。嶺・峙よりも低い所の峠を指すが、一帯は決して平地ではない、かなりデコボコした地形であることを意味している。

さらに八月になり、朝鮮側の指定する候補予定地、多大浦《タデポ》・絶影島《チョリヨンド》・草梁項の三ヵ所の実地検分が試みられた。その結果、多大浦は「狭い」、絶影島は「地形が悪い」という理由で候補から外され、ここに倭館の移転先として草梁項が内定する（『辺例集要』）。正式決定は同年十月、翌月采女は予定地の地図をたずさえて対馬へ帰還する。初めて移転要求が出されてから実に三三ヵ年の歳月を費やし、ここに新倭館建設の願いがようやく叶えられたのである。

二　一〇万坪の異人館

草梁倭館（新倭館）の建設は、幕府への報告と朝鮮への使節派遣という所定の手続きを終え、延宝三年（一六七五）三月に着工する。対馬藩の普請《ふしん》奉行佐治杢左衛門《さじもくざえもん》（平成為）は、日本の大工・左官・雑役夫ら一五〇人を率いて草梁に渡り、寝泊まりするための仮小屋を数軒建て、朝鮮側の大工や人夫らと共同作業で建築にとりかかった。完成は、三年後の延宝六年四月である。

新倭館の景観は、現存するいくつかの絵図によって知ることができる。大正七年（一九一八）、高橋章之助が朝鮮の京城で刊行した『宗家と朝鮮』という本の口絵に収められている「延宝六年七月釜山和館竣工図」は、その代表的なひとつといえる。著者による図の説明はないが、年紀や「和館」という字、地形や建物の描きかたからみて、対馬藩内部で制作されたものであろう。

図中に落成年度を示す「延宝六年」とあるが、家屋説明のなかに寛保《かんぽう》二年（一七四二）対馬藩に組織された朝鮮語通詞「五人通詞屋」があることから、十八世紀なかごろの作成と考えられる。建物の外部がかなり略されており、また実際よりも横長に描かれているという難はあるが、倭館全体の特徴をよくとらえていることから、つぎにこの絵図にしたがって新倭館の概要をみていくことにする。

この絵図をみるにあたって注意すべき点は、北を下方に描いており、それも敷地全体が傾いていることから、西南を上にしていることである。この西南の部分と、絵図の左方向にあたる東南が、海に接している。中央にある小高い山を龍頭山《ヨンドウサン》（日本名、中山）といい、東南角に龍尾山《ヨンミサン》（同、呼崎山）がある。山の地形を巨大な龍にたとえた、朝鮮風の呼び名である。

龍尾山は、この下にある船滄を強い南風から護る役割を果たし、古倭館でいつも問題になっていた港への配慮がなされている。かつてこの龍尾山の南辺に草屋（倉庫か？）が三戸、また倭館の反対側、絵図に佐《さ》須《す》党原《とうばる》（一名、佐次士原）とある平地一帯に民家が五〇〜六〇戸あったという（『釜山府史原稿』）。着工前、場所を定めたとき描かれた『草梁之絵図』にも、倭館予定地の西側、草梁川をはさんで十数軒の家屋が描かれている。敷地予定を示す線の内側に、「家数十軒余、但小屋共ニ」の説明があり、実際の工事はこうした民家を他所へ移転させた後に始まっている。

新倭館全体の形を絵図でみると、縦（東面・西面）よりも横（北面・南面）が長い。南面・西面・北面、それと東面の船滄までを、ぐるりと塀が囲む。朝鮮側は、はじめこの囲いを古倭館のように木柵で作ろうとしていたが、対馬側の提案で「惣堀《そうぼり》にして、その上に土手と石垣で作ろう」ということになった。延宝三年（一六七五）閏四月二十四日、倭館と対馬藩庁との間で取り交わされた書状に、このへんのいきさつが述べられている。

外構については、惣堀にして、その上を土手・石垣にするよう（藩庁から）仰せつけられている。しかし朝鮮国では古館の構えからも分かるように、四壁をいくらか軽んじる様子がみえる。惣堀にしてくれと頼んでも、なかなか承知してくれないだろうと内々（通訳たちから）話があり、確かにその通りだろうと推察できる。しかしながら古館の構えのようであっては、日本人・朝鮮人の出入りが乱れてしまい、なにかと問題が絶えない。そうであっては両国の挨拶（交わり）もよろしくないので、ここはぜひにも惣構にし、締りよきようにしようと思っている（『分類紀事大綱』）。

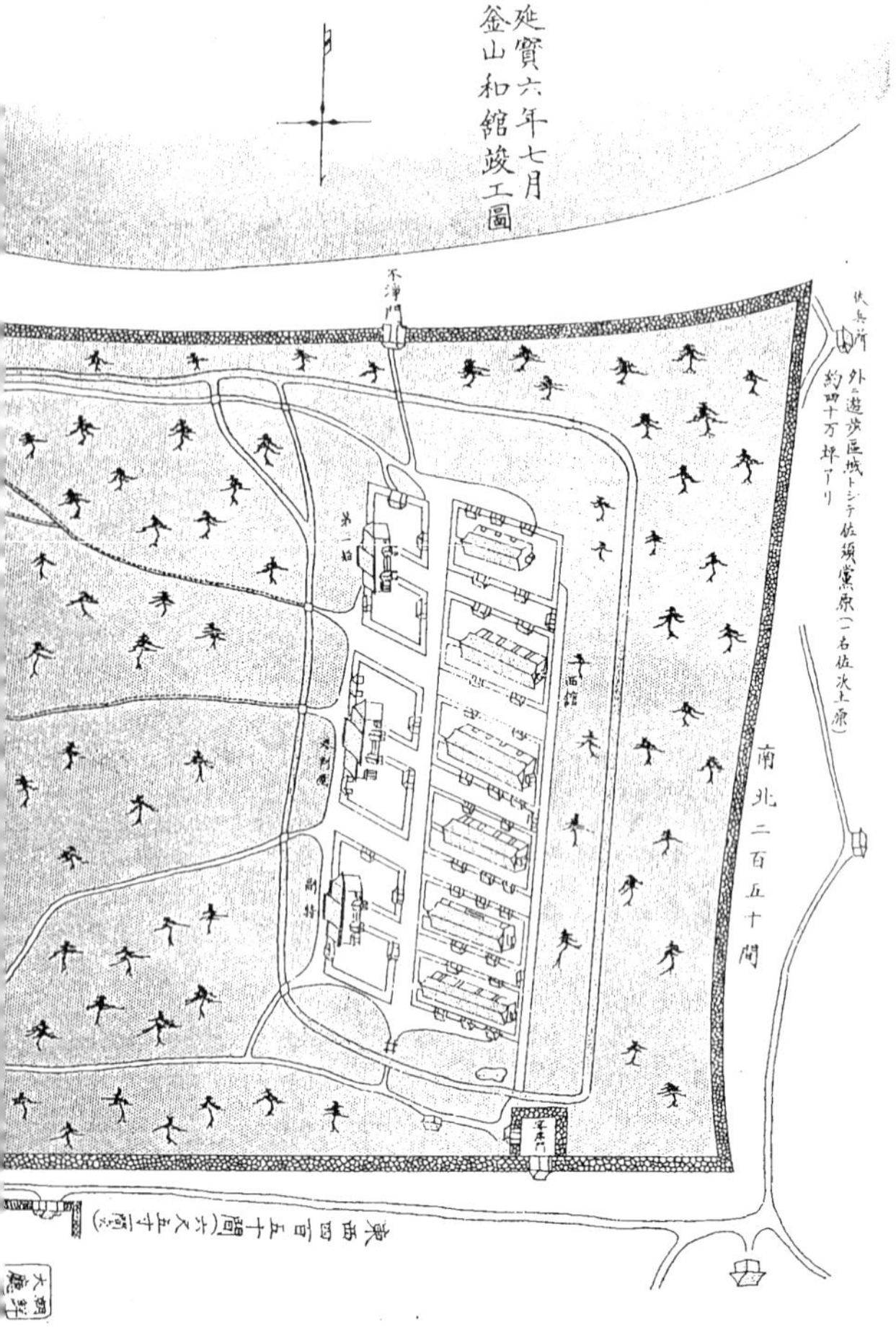
延寳六年七月
釜山和館竣工圖
不浄門
伏兵所
外ニ遊歩區域トシテ佐須奈原（一名佐次土原）
約四十万坪アリ
西館
南北二百五十間
東西四百五十間（六尺五寸間ニ）

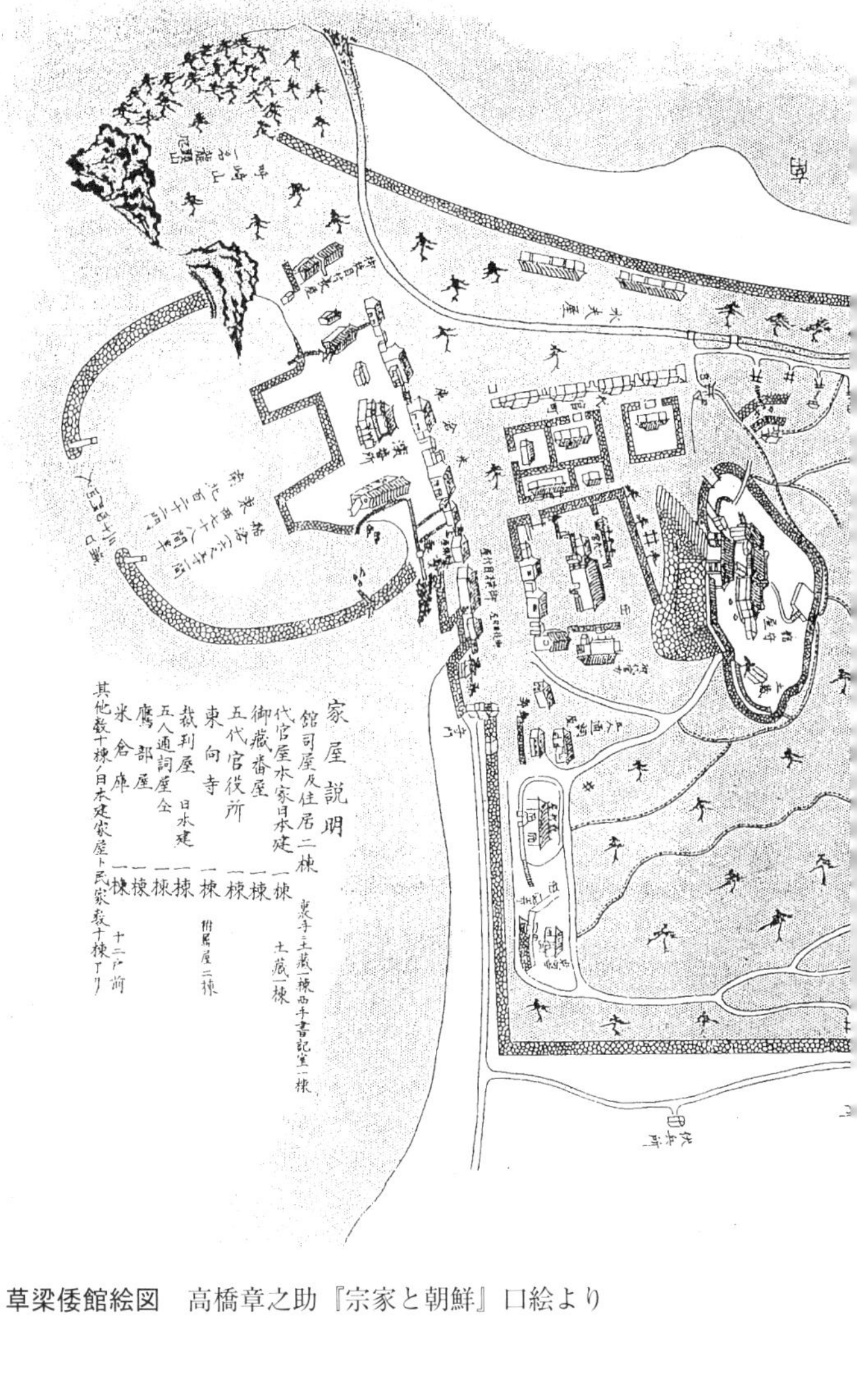

図２－１　草梁倭館絵図　高橋章之助『宗家と朝鮮』口絵より

その後、朝鮮側を説得して工事にとりかかったものの、工法をどうしても理解してもらえない。そこで日本の人夫が先導して、見本を示しながら堀を掘ってまず土手を、その上に石を置いて築いていったが、上ヶ地（埋め立て地）の部分が日がたつにつれ下がってくる。やっと土手ができたかと思うと、その土がなかなか固まらない。上から突いているうちに、塀はデコボコだらけのあまり見栄えのしない、それも崩れやすいものになってしまったという。

このように新倭館の塀は、初めから石垣作りだったのではなく、当面は土塀であった。崩れやすく、そこから人が勝手に出入りしてしまう。これが後に、密貿易や交奸《こうかん》（女性連込）事件の多発につながる。絵図にみられるように、総構えをすべて石垣にできたのは宝永《ほうえい》六年（一七〇九）のこと。交奸事件を契機に再工事がなされたもので、そのころには塀の高さを六尺（約一・八メートル）くらいに揃えることができた。

門も、改良された。古倭館には、東に守門《しゅもん》がひとつしかなかったが、とくに私貿易の開市日に多くの人馬の出入りが予想されることから、日常の出入り用と、外交儀礼に使節が使用する門を使い分けることにした。そこでまず東面に守門を設け、これを日常用とする。古倭館のとき、門は外からカギをかけられていたが、新倭館の守門には内側にカンヌキをつけ、内外から締めることができるようにした。このため番所を外側だけでなく内側にも設け、昼間は開けたままで、両国人の出入りを鑑札でチェックする。

決められた区域ならば日本人も塀の外へ出られるが、閉門する暮れ六つ（午後六時ごろ）までには戻ってこなければならない。明け方に守門が開くと、近在の人々が野菜や魚など、生鮮食料品を中心に持ちよる朝市がこのあたりにたつ。守門は倭館住民の生活はもちろん、業務にたずさわる朝鮮側役人たちの日常に直結しており、それゆえに双方で管理する形をとったものである。

いっぽう北面にある「宴席門《えんせきもん》」は、使節が定例の儀式に出席するために用いるもので、倭館がまぎれもない客館であることを物語っている。古倭館時代の初め、使者の応接所（宴享庁《えんきょうちょう》）は倭館の中央にあった。これにならって新倭館でも初め塀の内側を予定していたが、地形の関係で北面の外側に建設が決まった。新設された応接所を「宴大庁」といい、これと並んで「草梁客舎」も設置され、こちらは朝鮮国王の粛拝《しゅくはい》の儀をとりおこなうための場となる。

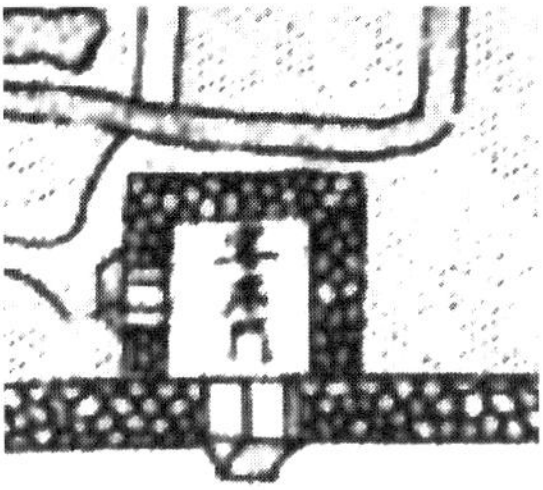

図2-2　枡形の宴席門
（前図拡大）

対馬藩は、当初、宴席門のカギも内側につけるよう主張したが、朝鮮側の許可が得られなかった。このため門の内側に方形の広場を設けて石を築き、そこの一部に別な門を作って内側からカギをかける仕組みにした。この方形の広場と二重の門は、外敵の来襲に備えるため、そのころ日本の城門建築によくみられる枡形門《ますがたもん》といわれる様式である。攻めてきた敵を広場にためて周囲から攻撃しようというもので、ちなみに守門にも小門こそないが、塀をみるとこれもやはり桝形に仕切られている。塀や門の造作から、無防備だった古倭館にくらべ、ここを「城」になぞらえ、堅固なものにしておこうとする対馬側の意図がみえる。

絵図には、このほか南面に「不浄門」が描かれている。ここは別名、水門または無常門《むじょうもん》ともいい、倭館で亡くなった者を対馬へ送り出すときに使う。カギは通常朝鮮側が保管し、必要なときに借りてきて門の開閉をする。遺骸を対馬へ送るには経費がかかることから、身分の低い者は倭館北の松林にある墓に埋葬される。また塀の近くに、「伏兵所《ふくへいじょ》」が描かれているが、これは朝鮮側の見張り所である。当初は北面の東寄りと西寄り、それに西面の南寄りの計三ヵ所に置かれ、所轄官庁から派遣された伏兵が詰めていた。元文《げんぶん》四年（一七三九）、伏兵所が当初の倍の六ヵ所となるが、これもやはりこのころ発生した交奸事件が発端になっている。

つぎに、船滄《せんそう》（船だまり）をみてみよう。移転理由のひとつに、古倭館の港が遠浅で、船の係留に問題のあったことがあげられている。このため新倭館の建設にあたって、とくに船滄の構造と設備に注意が払われた。絵図の船滄部分の数字をみると、浦口（港への入口）が三四間四尺（約七〇メートル、倭館の場合一間＝六尺五寸＝約二メートル）、東西七八間半、南北一二一間と、かなりの規模である。波よけに、港の周りに石垣が廻らされている。別の絵図によれば、龍尾山の下からのものが四二間あり、反対側は一六二間と長い（『（仮題）東西館町割図』）。

港には、船の着岸用に二基の桟橋《さんばし》が突き出している。この桟橋は、工事に着工する前「海のほうへ

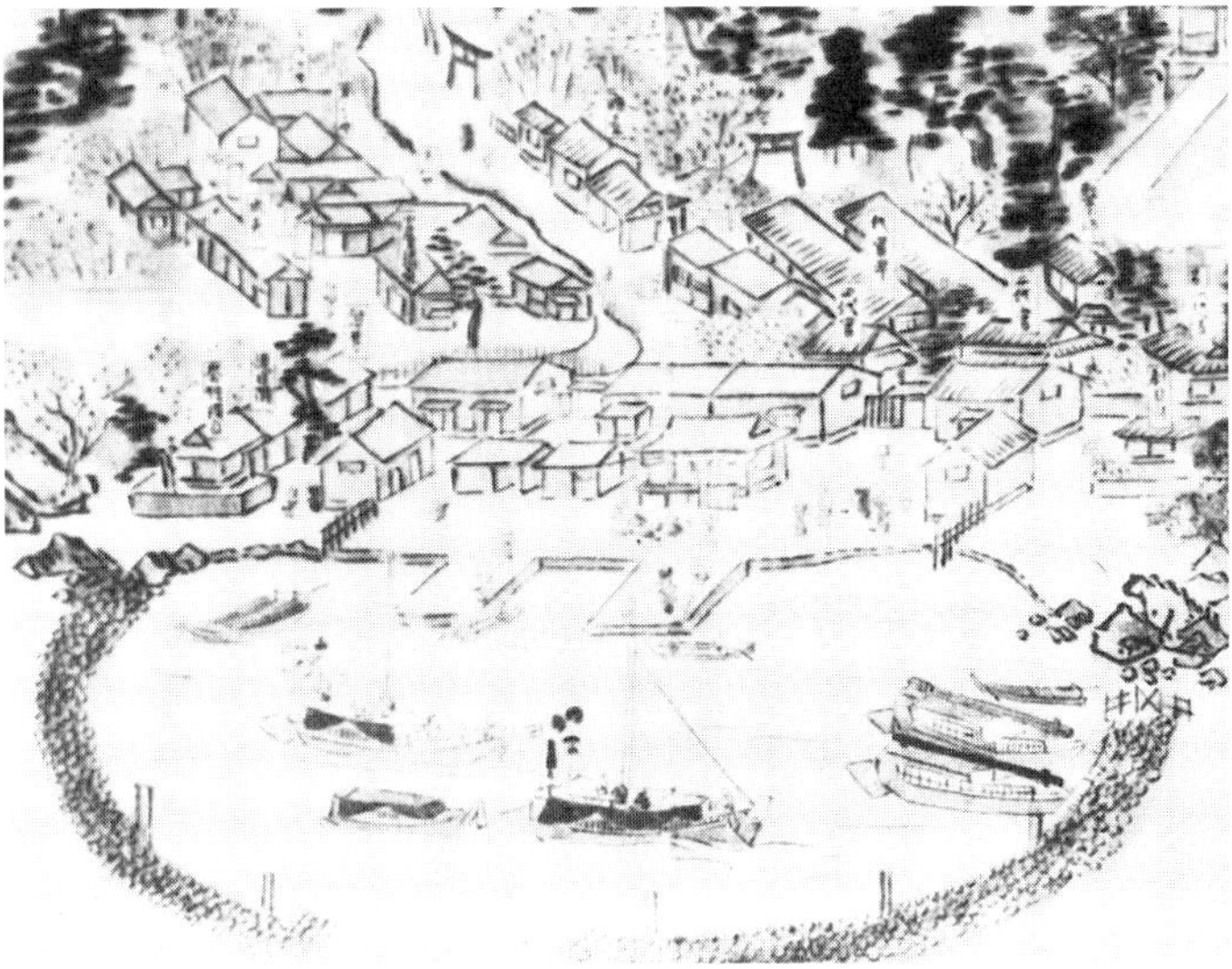

図2－3　船滄と桟橋　『朝鮮図絵』京都大学附属図書館所蔵　谷村文庫

築き出して作るよりも、陸を掘り下げていく方法をとりたい」と主張する対馬側に対し、「そうした工事は、これまでやったことがない」と拒否する朝鮮側ともめていた。その後の交渉経過は分からないが、対馬側が「このほうが、後で崩れる心配がない」としきりに主張しているところをみると、おそらく埋め立て方式ではなく、沿岸部分を削って海を掘り下げていく方法をとったのだろう。

　この港湾工事には、かなりの人手を要したようだ。毎日のように倭館近くの梵魚寺《ポモサ》や暁義寺《ヒョイサ》など、慶尚道《キョンサンド》に点在する寺の僧侶が四〇〇人以上も駆り出されている（『釜山府史原稿』）。朝鮮社会では、工事が国家的で大規模であるほど、僧侶が盛んに活用される。古倭館時代も同様で、たとえば寛文三年（一六六三）に行われた船滄の修理に、僧侶だけで述べ一四〇〇～一五〇〇人が徴発され、民間の人夫一〇〇〇人と共同であたっている（『分類紀事大綱』）。儒学中心のこの時代、寺院勢力の弱体化によって僧侶の社会的な地位が低下し、そのあおりで下級の僧侶たちが徭役（夫役）として駆りだされるようになったためである。

ところで新装なった倭館全体の広さは、どのくらいだったのか。着工前、対馬藩は東西五〇〇間（約一〇〇〇メートル）、南北二五〇間（約五〇〇メートル）の広さを主張したが、これでは広すぎるとの朝鮮側の反対により、東西を一五〇間減らして三五〇間とする。しかしその後も交渉があるたびに数値が移動し、それが記録として残されるため、現在知られている広さにはいくつかの説がある。東西・南北の二面だけを測ったもの、また龍尾山のある分だけ南面・東面が長いため四面を測ったものなど、測りかたにもいろいろある。

それら諸説を、〔表2-1〕にまとめてみた。このうち1・2は、東西が長すぎて、まだ交渉段階での数字と考えられる。5は、朝鮮側が「公的」な数値としているが、二面だけを示したかなり大ざっぱなものである。同時に1～4までも、二面だけの数字である。四面の数値が分かるのは6～10だが、これにもばらつきがある。このうち6の北三五〇間という数値は、長過ぎて実態と異なる。7・8は出典史料が不明だが、記載の仕方からみて対馬藩の実測数値とみられる。8の南通三一三間とあるのは、三七三間の誤記だろう。9は、石垣の総工事のとき実測されたもので、かなり正確な数値である

表２－１　諸説別にみた草梁倭館の規模

	倭館の規模	出典史料・文献
1	東西450間　南北250間	高橋章之助『宗家と朝鮮』口絵、＊『御国より朝鮮古和館新館え渡口之図』、＊『草梁之絵図』
2	東西400間　南北250間	『対藩政治問答』(国立公文書館所蔵)
3	東西360間　南北220間	＊＊『分類紀事大綱』移館一件
4	東西350間　南北250間	小田省吾『李氏朝鮮時代における倭館の変遷』
5	東 西372歩4尺　南 北256歩（１歩＝１間）	『通文館志』『増正交隣志』
6	東250間　西220間 北350間　南370間	『朝鮮筋之儀ニ付義真様阿部豊後守様え御書付を以被仰上候覚』（九州大学文学部国史研究室所蔵）
7	東辺279間　西辺224間 北辺289間　南辺373間	長正統「日鮮関係における記録の時代」(『東洋学報』) 50-4
8	東通278間　西通224間 北通289間　南通313間 (此外37間半呼崎山の分)	『増訂対馬島誌』
9	東通（守門まで）120間 西通225間 北通284間　南通375間	＊＊『(館守）毎日記』 寛政10年５月28日条
10	東表269間半　西表227間半 北表287間半　南表365間半 (呼崎東西41間半)	＊『(仮題）東西館町割図』

１間＝６尺５寸＝約２m
＊は宗家文書・長崎県立対馬歴史民俗資料館所蔵
＊＊は宗家文書・国立国会図書館所蔵

が、惜しむらくは東面が不明である。

これらを総合すると、新倭館の規模はつぎのように考えられる。

東面　約二八〇間（五六〇メートル）　西面　約二二五間（四五〇メートル）

北面　約二九〇間（五八〇メートル）　南面　約三七五間（七五〇メートル）

これに龍尾山分が加わるため、新倭館の面積はほぼ一〇万坪余（一坪＝約三・三平方メートル）となろう。かつての豆毛浦《トウモポ》倭館が一万坪であったから、その一〇倍の面積である。日本の長崎に設置される唐人《とうじん》屋敷（約一万坪）の一〇倍、出島（約四〇〇〇坪）と比較すれば実に二五倍に相当する。日本の「鎖国」政策後、四〇年目にして、朝鮮半島の南端に巨大な日本人用の館《やかた》が誕生したことになる。

新倭館落成の翌年にあたる延宝七年（一六七九）、日本人の遊歩区域を定めた「新館界限」が朝鮮との間に定約される。東面と南面は海で限られているため、おもに西南・西・北の境界について、双方役人立ち会いのもとで際木《さいぼく》が立てられたのだ。当時の対馬藩の記録によれば、西南「草梁項よりの川すそ際」、西は「草梁項も家際」、北は「坂の下は家際」とある（『分類紀事大綱』）。

すでに絵図でみたように、新倭館の移転前、民家があったあたりを佐須党原《さすとうばる》といい、それをさらに西にいく川（法川）が南浜に向かって流れている。この河口が、すなわち西南の境界である。また川の上流に草梁項の村があり、その民家の手前までが西の境界である。北の「坂の下」とは、儀式の行われる宴大庁や草梁客舎、あるいは通訳官らの宿所があるあたりを指す。そこと古倭館との間に民家があり、この手前までが北の境界とされた。倭館の守門を出た日本人の多くが、この坂の下に向かうことから、これを越えないよう後に門（設門《せつもん》）を設けて役人が見張るようになった。

絵図にみえるように、佐須党原だけで四〇万坪あり、春と秋の彼岸《ひがん》には古倭館の墓参りが許されている。後で述べるように、早朝から夕方まで、倭館周辺の山歩きを道楽にする者もいるくらいである。住民たちは、決して塀のなかだけの生活を強要されていたわけではなかった。

三　日朝合作の建築

つぎに、建物に注目してみよう。

絵図にみられるように、新倭館は中央の龍頭山をはさんで、左右に建物群が配置されている。通常、右側の建物群を西館《にしかん》、左側の建物群を東館《ひがしかん》という。このうち西館は、倭館本来の目的ともいうべき客館としての建物である。大きな館が三棟ほど山を背にして建ち、当初、東大庁《だいちよう》・中大庁・西大庁という名前で呼ばれ、総称して「西の三大庁」といっていた。

しかし龍頭山をはさんで東館・西館といういいかたが定着したため、南浜に近い順に一特送屋《いちとくそうや》（西大庁）・参判屋《さんばんや》（中大庁）・副特送屋《ふくとくそうや》（東大庁）と称されるようになる。「参判」とは臨時使節差倭《さわ》の日本名、副特送はかつての受図書《じゆと》船柳川送使《しよせん》を改名したもので、一特送使とともに使節員の数が多い。

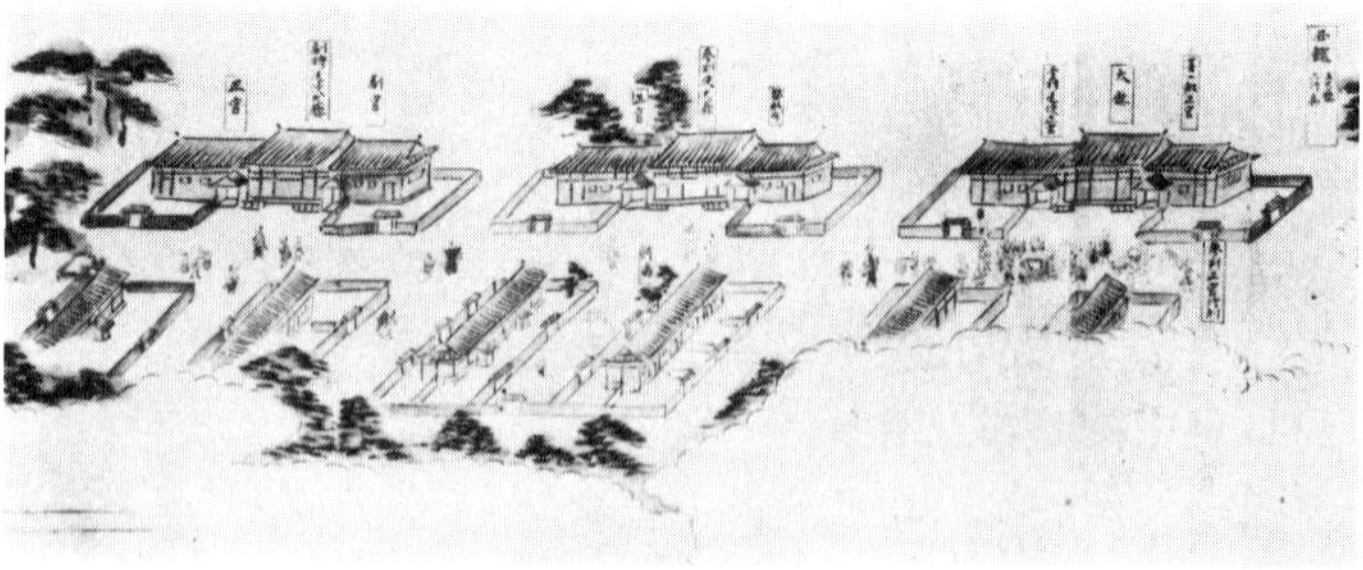

図２－４　西館の景観　右から一特送屋、参判屋、副特送屋。一特送屋前に「参判正官行列」が描かれている。『朝鮮図絵』京都大学附属図書館所蔵　谷村文庫。

館の名称のない使節（たとえば歳遣船や以《い》酊《てい》庵《あん》船など）であっても、空き部屋の都合にしたがって、随時、割り当てられることになる。これら使節員を僉官《せんかん》ということから、西館を総称して「僉官屋」ともいう。

西館の景観図にみられるように、三棟の僉官屋はいずれも中央の大庁と呼ばれる大広間をはさんで、左右対称に家が張り出した形になっている。一軒の横幅を総計すると、八〇間ほどになる。左右に張り出した部分を、朝鮮側では単に東軒・西軒としているが、対馬側では、

一特送屋……第一船正官家・一特送使正官家
参判屋………正官家・都《と》船《せん》家
副特送屋……副官家・正官家

と、それぞれ別名で呼んでいる。

各家の前には、庭と通用門があり、その周りを塀で囲っている。また各僉官屋の前に長屋が二軒ずつ、計六棟が並んでいる。これを「六行廊《ぎょうろう》」といい、単に「使者屋」ともいう。

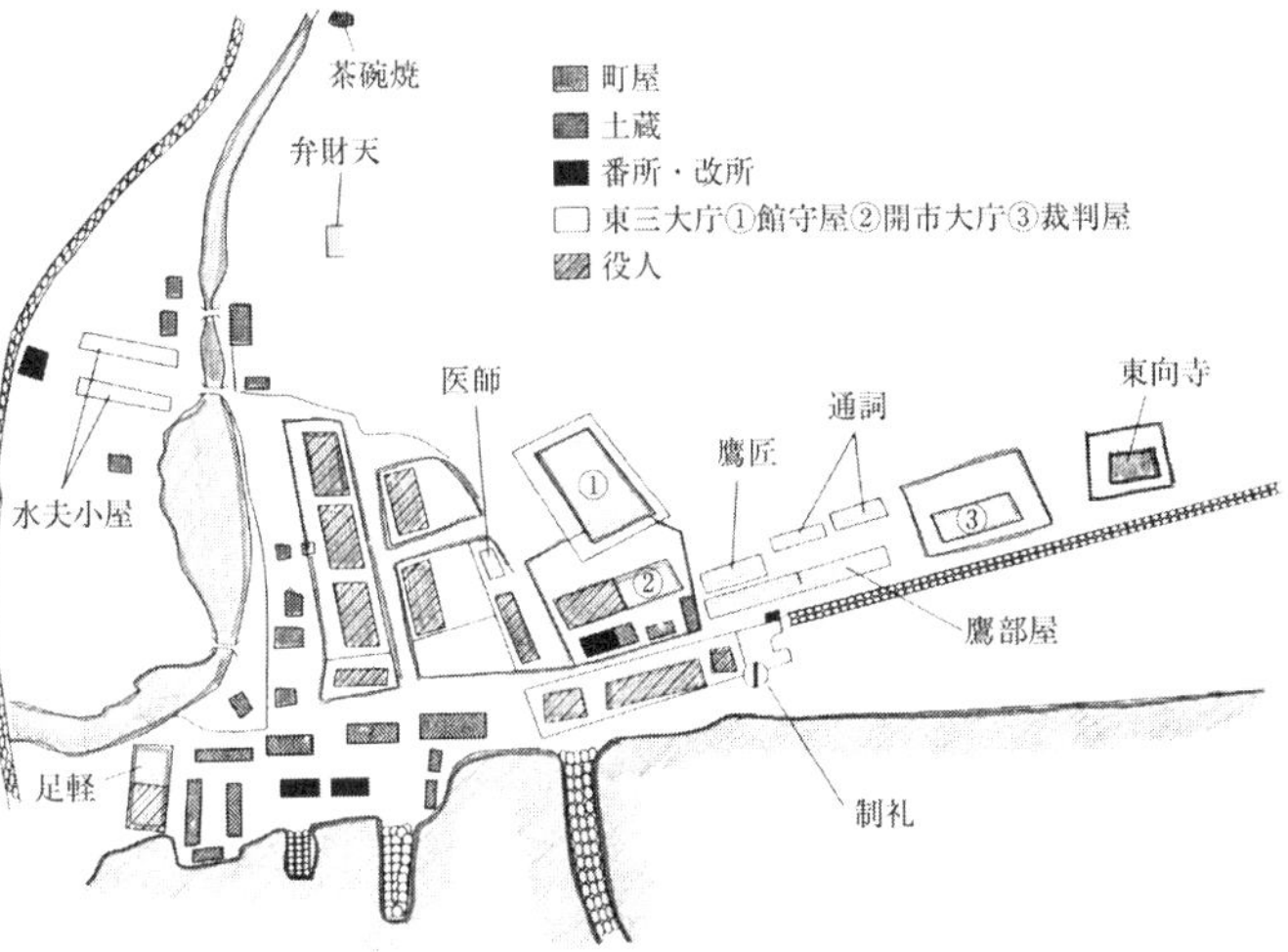

図2－5　**東館の屋敷配置図『(仮題) 東西館町割図』**（長崎県立対馬歴史民俗資料館所蔵）より作図

使節の随行員が宿泊する長屋である。入館した使者は、決められたスケジュールにもとづいて儀式をとり行う。館外の宴大庁や草梁客舎で行うときは、使者ごとに行列を組んで宴席門から出てそこへ向かう。所定の儀式が終わりしだい帰国するため、西館の住民は比較的短期の滞在者が多い。

画一的な西館と異なり、東館一帯は大小多くの建物が混在している。ここの建物は、かつて古倭館時代に増築されて問題となった長期滞在者（留館者）のための住居である。留館者専用の居住空間が公認されたことは、倭館の歴史をみていくうえで重要である。その役割は、もはや客館（ゲストハウス）だけにとどまらない。日本人の居住区域を含めた、より広義の機能を兼ね備えることになる。

東面は平地が少ないため、港から山へ向かう坂道に宅地を切り開いた。ここに対馬側で「留館町《りゅうかんまち》割《わり》」（『分類紀事大綱』）と呼ぶ、いわば都市計画に基づいて建物を配置していく。創設されて間もないころの町割を描いた『（仮題）東西館町割図』（前頁）により、東館の屋敷配置をみてみよう。

①館守屋（家）は、東館最大の家屋である。龍頭山の中腹を切り開いた高台に建てられており、東館一帯を眺望できる。その下の②開市《かいし》大庁（私貿易会所）、右手の③裁判《さいはん》屋（外交交渉官）とともに、「東の三大庁」と称される。後で述べるように、この「東の三大庁」は、朝鮮側の経費で建てられている。

裁判屋のさらに右手に、古倭館時代にもあった東向寺が建てられている。開市大庁の左隣は、貿易関係の業務を担当する代官の屋敷が軒をつらねる。後に、ここ一帯を代官町と呼ぶ。この代官屋の前に、貿易品を収蔵する土蔵があり、また船滄近くにも多くの土蔵が並ぶ。倭館が、「商館」としての機能をもつ部分である。

港の改所《あらためしょ》（浜番所）は、倭館に出入りする人々の身体検査や、船体および船の積み荷検査のために設置されている。このほか「役人」とよばれる家が、館守屋と開市大庁を大きく取り囲むように配置されている。外交や貿易の運営にたずさわる者もいるが、多くは横目《よこめ》・目付《めつけ》といわれる監視役人で、館内の治安維持を主な任務とする。

倭館の南面、川の左右には町屋が集められている。ここは対馬藩の許可を得て、倭館に入ることの

図２－６　南浜と弁財天　『朝鮮図絵』京都大学附属図書館所蔵 谷村文庫

できる貿易特権商人や、住民の生活必需品を売る店などもある。この町屋の近くで、龍頭山の麓に、「弁財天堂《べざいてんどう》」がある。財宝の神、弁財天を祀る弁天神社（祭神は安芸《あき》の厳島大神《いつくしまおおかみ》）で、倭館に在留する商人たちの出資による（『分類事考』）。言い伝えによると、弁財天の木像は、漁夫の網にかかり、浜に打ちあげられたものを館内で祀ったとか（『愚塵吐想』）。後年、この近くに東西二つの稲荷《いなり》神社が建てられている。これも商業神である。商売繁盛を願う気持ち、それと異国での生活を余儀なくされる者にとっての憩いの場としても、神社の存在は大きい。

新倭館設置当初からあった神社は、この弁天神社のほかに、龍頭山頂の金刀比《ことひ》羅《ら》神社、龍尾山の玉垂《たまたれ》神社である。このうち金刀比羅神社は、俗に「こんぴらさん」で親しまれる航海の守護神である。のちの明和二年（一七六五）、住吉《すみよし》大神と学問の神様の菅原《すがわら》大神（俗に天神様）がここに合祀され、「龍頭山神社」と称して倭館住民の信仰を集める。

　また玉垂神社というのはあまり聞き慣れないが、大社は筑後国久留米の一宮《いちのみや》の高良《こうら》大社である。祭神の高良玉垂命《たまたれのみこと》については諸説があるが、八幡《はちまん》大神と住吉大神とともに神功皇后伝説の伴神で知られる。対馬全島には、この種の説話と関連した八幡神社・住吉神社が多く点在しており、玉垂神社もこれらと同様、武将の神として建立されたのであろう。後の文政二年（一八一九）、加藤清正の加藤神社、古倭館時代にもあった朝比奈義秀《よしひで》（鎌倉時代の武将。和田義盛《よしもり》の子で母は巴御前《ともえごぜん》といわれる）の朝比奈神社が合祀され、ここを「龍尾山神社」と称するようになる（『龍頭山神社御祭神記』）。

　このほか館守屋下の医師屋、開市大庁と裁判屋の間に鷹《たか》匠と鷹部屋、通詞屋の長屋が広がる。町屋のさらに西のほうにいくと、茶碗焼の窯場《かまば》がある。倭館住民の役割と生活については後で述べるが、これら多種・多様な人々はすでに古倭館時代から存在が確認されている。

　住民の内容こそ豆毛浦《トウモポ》時代の末期とさして変わらないが、新倭館の創設によってそれぞれの居住区域が著しく変化した。屋敷配置図をみても分かるように、新倭館は整然とした区画整理がほどこされ、計画された都市の構造をなしている。たとえば館守屋は、石垣を築いた高台に、あたかも城郭のごとく悠然と建てられ、その周りを塀で囲む。ここを中心に、その下に侍の居住区域が広がり、その外部に町人たちの居住地が置かれている。同一区画を同じ職種の人々で占めるなど、そこには小さいながらも日本の城下町を彷彿させる町造りがみられる。

町造りにとって最大の敵は、火災である。明暦三年（一六五七）江戸に大火があり、また寛文元年（一六六一）には対馬府中が大火に見舞われる。町が発展すれば火災の発生率は高まるばかりで、とりわけ密集地は延焼が止まらないだけ始末が悪い。古倭館時代の体験もあって、新たな町造りに際して、随所に火災対策を施すことになった。たとえば敷地の広い屋敷を組み合わせ、家と家の間を離し、いくつかの空き地を設ける。延焼をくいとめるために、屋敷地を石垣で囲む。密集しがちな町屋を一ヵ所にかたまらせず、分散化する。火を常用する茶碗焼きは、人家から遠く離したほうが安全である。倉庫は、なかの収蔵品を守るためにも、湿気と火に強い白壁造りが選ばれる。もちろん、建物の屋根は瓦ぶきが良い。

「火災によって対馬は納めてある財を失うが、朝鮮は建物を新造しなければならない」。これは、広大な敷地を確保したいがために、対馬側が移転前にしきりに唱えていた脅し文句である。しかし、どちらの経費で建物を新造するかは、初めから決まっていたわけではない。朝鮮側の認識からすれば、倭館はあくまでも客館であり、本来ならば西館の僉官屋だけを新造してやれば充分なはずである。

それでも開市大庁には大勢の朝鮮役人や商人が出入りし、裁判は特殊な外交任務をおびて滞在するからと、東館のこの二家屋だけはかなり早い時期に朝鮮側の負担が決まった。もめたのは、館守屋である。館守は留館者を束ねる役職で、日本側が勝手に送り込んできたものである。古倭館時代の館守屋は、これほど大きくなく、もちろん対馬側が建てたものである。前例がないからと、これも当初は「日本建て」（対馬側の経費負担）が予定されていた。

そこを、普請奉行となった佐治杢左衛門《さじもくざえもん》が交渉した。「館守は、和館の守護人です。（その重大性をかわれて）貴国から、滞在経費も支給されておりますす」というのが理由である。結局のところ館守屋の朝鮮側負担も決まり、延宝四年（一六七六）三月から、西の三大庁と東の三大庁（館守屋・開市大庁・裁判屋）は並行する形で建築にとりかかった。

作業には、初めのころ毎日、地ならしのために朝鮮人夫が五〇〇人、朝鮮大工が三〇〇人（後に一〇〇〇人）ほど入館している。これに、日本人大工や左官・木引・雑役夫らが加わる。室内を日本風に仕上げるためで、こうした日朝共同の建築作業は、かつての古倭館時代から経験済みである。

東西の三大庁は、二五年ごとに大修理（大監董《だいかんとう》）が、また適宜、部分的な修理（小監董）が行われる。一回の修理ごとに記録がつけられることから、使用される資材、出入りの職人、修理内容が分かり、そこからさらに室内の様子を知ることができる。部屋は、基本的に畳敷きである。冬は火鉢で暖をとることにして、朝鮮風のオンドル部屋は作らない。引戸、雨戸、腰障子《しょうじ》、明り障子、襖《ふすま》といった建具を使用し、それと客間には床の間がしつらえてある。

平面図をみると、柱の位置はもちろんのこと、玄関、縁側、廊下、便所、台所とカマドの位置などが分かる。日本人が大好きな風呂場も、各家にひとつずつ、まれに二ヵ所備えつけている家もある。火を使うため、母屋から離して建てることが多い。新倭館を建設するとき「風呂など作ったことがない」と嫌がる朝鮮職人に、「そこをなんとか」とねばり、「押して（強引に）建てさせた」とある。

東西の三大庁、それと東館の「日本建て」の家を含めて、材木・釘などの建築資材は、すべて朝鮮国内から調達することにした。瓦も朝鮮製で、「日本建て」の場合はあとで代銀を支払う。逆に引戸や障子など日本の細工を施すものは、東西の三大庁を含めてすべて対馬から調達しておき、「日本建て」に使用する材木代と相殺《そうさい》することにした。

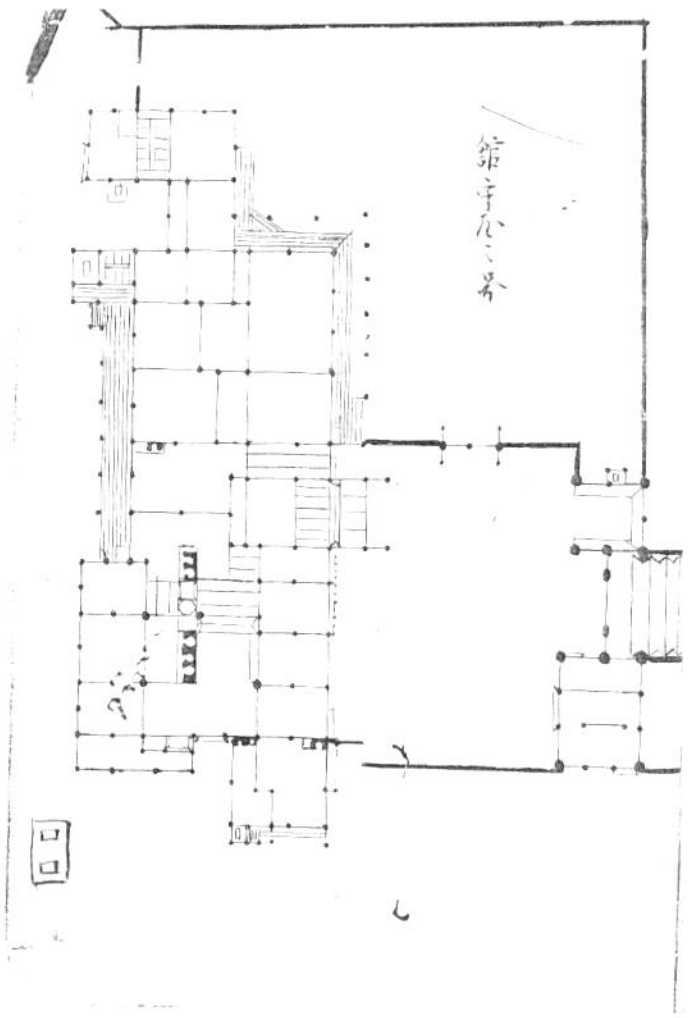

図2－7　館守屋の図（平面図）『東館修理記録』寛延3年（1750）（『諸修覆記録』国立国会図書館所蔵）より

参加人員は、工事の進行状態にしたがって増減がある。とくに田植えのシーズンになると、朝鮮人夫や大工らは一斉に帰ってしまう、農民たちが、近隣からかりだされているからだ。その間は、日本職人だけで作業をすすめる。結局、倭館新築工事にかかわった朝鮮大工と人夫は、述べにして一二五万人、これに延べ二〇〇〇人の日本人大工や人夫が加わったという。まさに、国家をあげての日朝合作の大工事が遂行されたことになる。

総造営料は、朝鮮側だけで米九〇〇〇余石・銀六〇〇〇余両で、当該年度の公貿易がこれにあてられたという（『増正交隣志』）。対馬側の経緯は不明だが、多くの「日本建て」の家屋に巨額の資金が投入されたことはいうまでもない。幕府からの資金援助も受けず、これだけの大工事を竣工できたのは、そのころ貿易収入を柱とする対馬藩の経済状態が良好だったからである。

これより東西の三大庁の維持・管理には、釜山鎮《プサンジン》（主鎮）以下、豆毛鎮《トウモ》・開雲鎮《ケウン》・包伊鎮《ポイ》・西生《ソセン》鎮・多大鎮《タデ》・西平鎮《ソピョン》の七ヵ所の鎮（七鎮）があたることになる。また大修理や大改築が必要とされたときは、東萊府《トンネ》の許可を得たのち、経費の分散化をはかるため七鎮以外から経費を提供することが約束された。いっぽう「日本建て」は、常に対馬側の負担であることはいうまでもない。また新倭館には対馬から派遣された畳職人や大工が常駐しており、小さな修繕などをうけおった。

新倭館が完成した延宝六年（一六七八）四月、家具など荷物類を運び入れるなど、順次、引っ越し作業が始まる。最終日の四月十四日、館守の平田所左衛門をはじめ総勢四五四人の日本人が、守門から館内へ入った（『倭館移建謄録』）。木の香りも新たな館を前にした、かれらの喜びはいかばかりのものか。これより二〇〇年にわたる、日本人町倭館のスタートである。

四　倭館を詠む

古倭館の所で紹介した『愚塵吐想《ぐじんとそう》』の著者、小川次郎右衛門（秋園戯艸《しゅうえんぎそう》と号す）は、そのころ珍しい倭館の案内人である。一特送使の正官となり草梁倭館の西館に居をかまえるが、少し健康を害したこともあって「養生ごころ」が出て、つとめて倭館の内外の散歩を心がけるようになる。

何方此方《どちらこちら》と経廻《へめぐ》ると、色々と様々な見なれね珍花が多い。これを手折《たお》って帰り、投入しては友として遊ぶ。

路傍に咲く花をめで、生け花を楽しむこの風流人は、使者としての業務のかたわら、見たままの風景をなんと一七五首の歌に詠み込んだ。滞在は、文化三年（一八〇六）六月から翌年の二月までの八ヵ月間、初めての倭館体験である。新倭館の創設から一三〇年ほど経っているが、それをとりまく周辺の風景、建物の配置などはほとんど変わらない。ここで『愚塵吐想』に誘われて、倭館の旅を楽しんでみよう。

水無月《みなつき》（六月）二十一日、府浦を出帆する。翌二十二日巳の刻（午前十時）ごろ、佐須奈《さすな》へ廻関し、即日、同所から帆を揚《あげ》て風に従って渡海する。

春風や　浦なみひかる　四方の空

船は、対馬府中から朝鮮への玄関口、佐須奈の関所を経て、倭館へ向かう。初め順調だった天気が、日暮れどきに急変する。

和館もほど近くなるころ、日も暮れて風もなくなり、段々と潮の流れも悪くなる。館浦へ入ることが難しくなったので、機張《きちやく》という所の沖に一晩中船を浮かべる。夜もほのぼのと明けわたり、四方を望むと、近くに大山が見える。よくよく眺めると、麓《ふもと》に浦々があり、韓人が数艘の船に乗り帆を揚てやってきた。余の乗る船に近づき、声を発して漕ぎ出す。間もなく、旧豆毛浦《こともかい》という浦へ漕ぎ入った。これは慶尚道の内で、館浦より十余里上《かみ》であるという。浦口は東に向い、湊は広大で大船を繋ぐに頼りになる浦とみえる。西に大山が連綿とし、みな禿山《はげやま》で滑らかである。左右に村里があり、民家も多く、田畠もある。その大山の前のうず高い場所に城郭の跡があり、東南に向っている。よく眺望すると、これ即ち壬辰の役に設けられた旧跡と思われる。

水無月や　見ぬ世の兵の　捨郭

朝鮮半島は、潮の干満の差が激しい。潮の流れに引きずられて倭館へ直行することが難しいときは、無理をしないで海上に船を浮かべて一晩を明かす。夜が明けると、近くの浦の萬戸営（慶尚道左水営配下の水軍）が、船を出して誘導してくれる。倭館に入る前に見た壬辰《イムジン》の役（文禄の役）の旧跡とは、山の頂にある倭城跡のことである。

同じ日の午の刻（昼）ごろ、倭館へ着く。船を港に係留して揚陸していると、主《あるじ》が出てきて丁重な挨拶をかわす。日も西山に傾いてきたので、謝詞を述べ、暇《いとま》ごいして余の住いとなる長屋へ入る。前後を返り見ると、左右はみな石垣である。表は西に向い、覗《のぞき》山、九徳《くてき》山、火立隈《ひだてかけ》など、悠々とした大山が眼前に連なる。

火立隈を、韓人の書には火城山という。以前は遠見番所があり、韓人が設け、館内よりの船見番もそこに居していたという。元禄五年（一六九二）十月十七日、火立隈の番所二軒が焼失、享保十三年（一七二八）三月十四日、同所の船見の者、居家が無いので新たに両訳より建てた、と館守方の留書にある。後に焼失するが、再建しない理由などは分からない。

前に、享席門が見える。裏は東向きで、中山がある。庭の前から、三、四歩もない。まことに聞き伝えるごとく、松樹のみである。よく独座して詠むうち日も暮れ、ものの文目《あやめ》も見えないころになる。松風がそよそよと吹き、遥かなる南濱《はま》に当たる波音がしきりに耳にさえぎる。また草むらから虫の声も静かに、その寂寥《せきりよう》たること、何とも形容できない。

中山の　松にさへくる　月見かな
松風の　波をつれくる　きりぎりす

使者が着くと、館守が港まで出迎えにくる。荷揚げ作業は下役人に任せ、正使と航海の様子、藩内事情、日本の情勢、そしてこれからの簡単なスケジュールなどについて話を交わすためである。初めて西館に入った人は、六行廊《ぎようろう》側（西方向）の景色に目を奪われる。眼前に、五〇〇～七〇〇メートルくらいの山々からなる金井《クムジヨン》山脈が拡がる。九《ク》徳山《ドクサン》は旧徳山とも書き、火立隈は非常時に合図の烽火を立てる山である。これとは反対に、東側、つまり裏庭の部分が意外に狭い。建物から中山の際《きわ》まで、三～四歩幅しかないという。

東向寺へ、西館に居合わせる者たちからと、年々、灯籠《とうろう》を献じてきたので、相変わらず献じる。（七月）十四日の夕方、詣でる。

幾年も　迎へきよめじ　灯籠かな
　東さし　こころに拝む　魂まつり

十七日、晡時《ひぐれどき》前より、東向精舎へ歩く。五六島の間から月の出た海を、鐘楼《しょうろう》によじ登って望む。團々《だんだん》たる清光、輝々《きき》として波上に満ちる。その粧《よそお》いは、たとえようもない。

　名も高し　五六に照れる　月の露
　東向の　鐘の手をくむ　神迎人

東向晩鐘《ばんしょう》
　東向の　鐘のねしミや　秋の暮れ
　　心もすミて　新酒一盃

倭館の年中行事は、ほとんど日本と変わらない。東向寺では、春と秋の彼岸と、夏の盂蘭盆《うらぼん》（七月十五日の前後）に、法会《ほうえ》が開かれる。祖先のこと、残してきた家族、故郷への想いは尽きない。東向寺の鐘の音は、朝夕、館内に響きわたる。倭館の住民へ、時刻を知らせるためだ。五六島というのは、東の海上にそそり立つ奇岩である。古地図に大きく六島、絵図にも五島ほど描かれているが、「五六嶋は、現嶋四つなり」とあり、実際は崩れて減ったようだ。五六島の内側にかなり広い瀬があり、ここを鸕鷀瀬《うのせ》という。倭館絵図にも、海鵜《うみう》と供にこの瀬が描かれている。

図2－8　東向寺の鐘楼（左下のかど）と五六島（上方）　五六島の手前に鸕鷀瀬がある。『釜山浦草梁和館之圖』（韓国、国史編纂委員会所蔵）より

秋もなかばとなり、空も澄みわたる。両三輩を誘って館外を志ざして歩き出すと、守門というのがある。この門内は館士が堅めており、外は韓人が守っている門である。これを通って行くと、右に五六島、黒崎、牛岩浦《うわんかい》などを遥かに見渡せる。左は、山手である。二町程行くと、所々に小坂がある。それより一二町も行くと、右に二ッ獄というのがある。その間に、営纓《よくせぎ》を見おろす。

倭館の外へ出るため、守門へ行く。ここを堅める朝鮮側の軍官は六名で、東萊府《トンネ》と釜山鎮《プサンジン》から半々に派遣されてくる。勤務につくのは二名で、一〇日ごとに交代し、これに小通事（下級の日本語訳官）が二人加わり、こちらは五日ごとの交代である。東萊府へ報告するため、告目という書類を作成する。門を出ると、右手に五六島、黒崎（星領、この先に兜崎がある）、牛《ウ》岩浦《アムポ》（史料によると「以前は龍㙊《ヨクダイ》と呼ぶ」とある）などを見渡し、途中、二《ふた》ツ獄《ごく》を通過する。ここは、倭館で犯罪を犯した者の処刑場である。このあたりを、営纒《ヨンジヨン》峠という。営纒は炭幕ともいい、倭館で燃料に使用する炭柴を入れる倉庫を意味する。年間の使用量が決められていて、釜山僉使《せんし》の管理のもと、予め洛東江《ナクトンガン》の上流から漕船で運んでおく。柴は営纒近くの山から伐り集めるが、実際は倭館住民が直接、牧の島から伐り出すことが多い。炭の搬入もよく滞るため、悶《もん》着《ちやく》が絶えない。

通り一町余して訓導屋の誠信堂がある。また外大庁があり、これを粛拝所という。門が二つあり、外の門は楼門で、これを架《か》鼇《がう》門という。内の門は祇《き》粛《しく》門といい、堂は辰巳に向って臨瀛《りんえい》館と書かれた額がかかっている。堂の内、三方はみな塗壁で、その上に花馬人物を土丹をもって彩色絵を描いている。楹榱桁《えいさいかう》は丸めで、みな土丹で塗られている。堂内の左右には、東萊府使や釜山僉使の休息所が設けられていて、これを土室《くつろ》という。そこから三十間余も行くと、設門というのがある。これは、韓人の衛る門で、この辺をさして俗に坂の下と呼ぶ。設門の際より石垣で築き続け、山谷を越して峰まで通じているとみえる。

訓導家の後山、北手に小さい森がある。そのなかに一宇（小さな社）あり、ここに白虎を祭っている。任官が交代するとき祭りをし、また祈れば霊験あるともいう。傍らに伏兵番所が一ヵ所あり、新伏兵という。

（社は）通常は高堂、または山神霊ともいう。（中略）山手の檀にツツジの木が多く、時節になると花見を楽しむという。

誠信の　直くなるハ　此柳哉

営纏峠から下ると、通称、坂の下に至る。ここ一帯は、日本語訳官の任所（役所）、あるいは粛拝所や宴大庁（草梁客舎）など、朝鮮側の施設が設けられている。訳官は、訓導《くんとう》と別差《べつさ》（訓別、両役ともいう）、配下の小通事からなる。誠信堂《せいしんどう》は訓導屋のこと。享保十五年（一七三〇）裁判役となって倭館にいた雨森芳洲《あめのもりほうしゅう》が、訓導玄徳《ヒョンド》潤《ギュン》の要請により改築された訓導屋に命名したことで知られる。誠信堂の横に賓日軒《ひんにちけん》（別差家）があり、ほかに柔遠館《じゅうえんかん》（出仕庁の額）、柔遠閣（小通事庁の額）などがある。このうち柔遠館は、以前、釜山へ滞在する訳官たちの日本言葉稽古《けいこ》（日本語学習）の場になっていたという。儀礼や饗応が行われる粛拝所や宴大庁については、後の章で詳しく触れる。

「設門」は、宝永六年（一七〇九）の新造である。新倭館移転の翌延宝七年（一六七九）、日本人立ち入り区域の北限に「坂の下は家際」と決められ、そこに際木《さいぼく》が立てられた。ところが、儀礼や宴会が

図２－９　誠信堂など訳官任所（通称坂の下）
『朝鮮図絵』京都大学附属図書館所蔵　谷村文庫

あるたび、あるいは訳官たちとの下交渉などのため、毎日のようにここへ大勢の日本人が集まる。まだ民家もいくつかあったことから、一般人との交流を絶つために、それら民家を他所へ移し、門を新設して左右に石垣を築いた。額の文字から設門と通称され、軍官一人（一〇日交代）、小通事一人（三日交代）、発軍（走り番）一人（常駐）が警護する。

冬の空に雲なく、晴れわたり静かなり。今日こそ九徳《くてき》あたりを詠《なが》めようと思い立ち、卯の刻過ぎ、（明け方）ごろから一両輩を伴い歩み出す。沙道原《さすとうばる》を通り、千本松を右に見て、大峙《はんてい》の麓に掛かる。坂を登って峠で休み、大峙の田原、村家などを詠む。段々と山峯を越えて登り見るに、韓人余多く谷々所々にいる。草を刈る者あり。負って帰る者あり。また歌などをうたう者もあり。楽（安らぎ）をおぼえる。ここを通り過ぎ、二里余も歩いて九徳山に至る。

薄きちる　今そなかめの　九てき山

冬の早朝、山登りに出かける。西の立入区域は「草梁項も家際」とあり、民家の手前とされるが、それを通り越して九徳山を目指す。坂の下の設門越えは闌出《らんしゅつ》（違法な外出）を厳しく問われる反面、西方向への散歩はあまり文句をいわれない。このため倭館住民は、とくに木々の美しい春と秋の九徳山登り、あるいはもっと遠くにある寺をめざし、紅葉《もみじ》がりを楽しんでは気晴らしをする。心得として

図 2 -10　鶉狩の図

『朝鮮図絵』京都大学附属図書館所蔵　谷村文庫

は、途中、村家に立ち寄らないこと。村人に出会うと、見過ごしてくれればいいが、時々喧嘩を仕掛けられたり、礫《つぶて》を投げられるから、できたら山へ入ってしまうのが無難である。

九徳山の手前に、倭館の人が沙道原（佐須党原、佐次土原とも）と呼ぶ草原が広がる。よくここで鶉《うずら》がりをする。日本へ輸入する朝鮮鷹（将軍や大名が鷹狩りに用いる）の餌にするためである。この辺りを、旧草梁村という。新倭館の建設のころ、点在していた民家を他所へ移したのだが、その後また家数が増えてしまう。以前は浜辺あたりに一～二軒しかなく、その名残りから倭館の人は「一ッ屋」と呼ぶ。沙道原の行き詰まりを、二《イ》山谷《サンゴク》という。さらにその先へ行くと、大峙《テチ》（倭館では「はんてい」と呼ぶ）という峠があり、北東に大峙村、西の谷間に堂洞《タンドン》（同じく「あみりゃごり」）という村がある。

畦道の　鶉らふミたす　沙道原
はるかなる　畠も広ひろ　鷹の狩
一ッ屋も　今ハ蔦葉の　軒くらべ

また山を越えて一里余もして覗に至り見るに、向うは丑寅に当り、東萊の家居、小高き松山の内に見える。前庭には池が有る。その傍に大庁と思われる大屋がある。左右みな大原の田である。東萊を打越して見ると、大川が見え、眼下の山は古館の後に当る山で、その麓は田である。左の方向に川口の奥が見える。南方向へ行くと、亀峯山《くぼんさん》に至る。五六島、黒崎、牛岩島、釜山の浦々など眼前に見え、下の口、はっち島まで見渡せる。館は午の方向に見おろせる。山の嶺に石垣を築きまわし、なかに韓人の遠見番所がある。その土室に入って、しばらくの間寒風をしのぐ。山を下ると大道があり、二〜三町して沙道原へ出る。畠の畦《くろ》（境の小路）を通り、大岩というのを左に見て、田の畔《あぜ》（畦より狭い）を伝って本道に出、晩に帰館する。

打みれハ　府使の池なる　水哉
のそきより　見なかす雪や　府使の邑
のそき見た　都もけふハ　新酒かな
高遠見　入るとしきりに　玉子酒

九徳山へ登る。洛東江《ナクトンガン》と点在する川洲の様子、南の多大浦《タデポ》と日本名を弥藤治《やとうじ》、魚釣《うおつり》、烏嶋《からすじま》などと呼ぶ島を眺めたあと、北の金井山《クムジョンサン》のほうへ向かう。金井山は、標高八〇〇メートルほどの高山で、秋になると紅葉が美しい。途中、日本人が覗《のぞき》と呼ぶ所があり、そこから東莱府をながめる。この日、冬晴れで空気が澄んでいたのだろう。眼下一面に都邑《とゆう》が広がり、邑内にある客舎の大庁や前庭の池、さらにその向こうには東莱府の東を流れる絲川までも見渡せたという。この日の登山はここまでで、帰途につく。

帰路、寒風を凌ぐため立ち寄った遠見番所は、亀峯山のなかにある。ここを日本人は高遠見《たかとおみ》という。

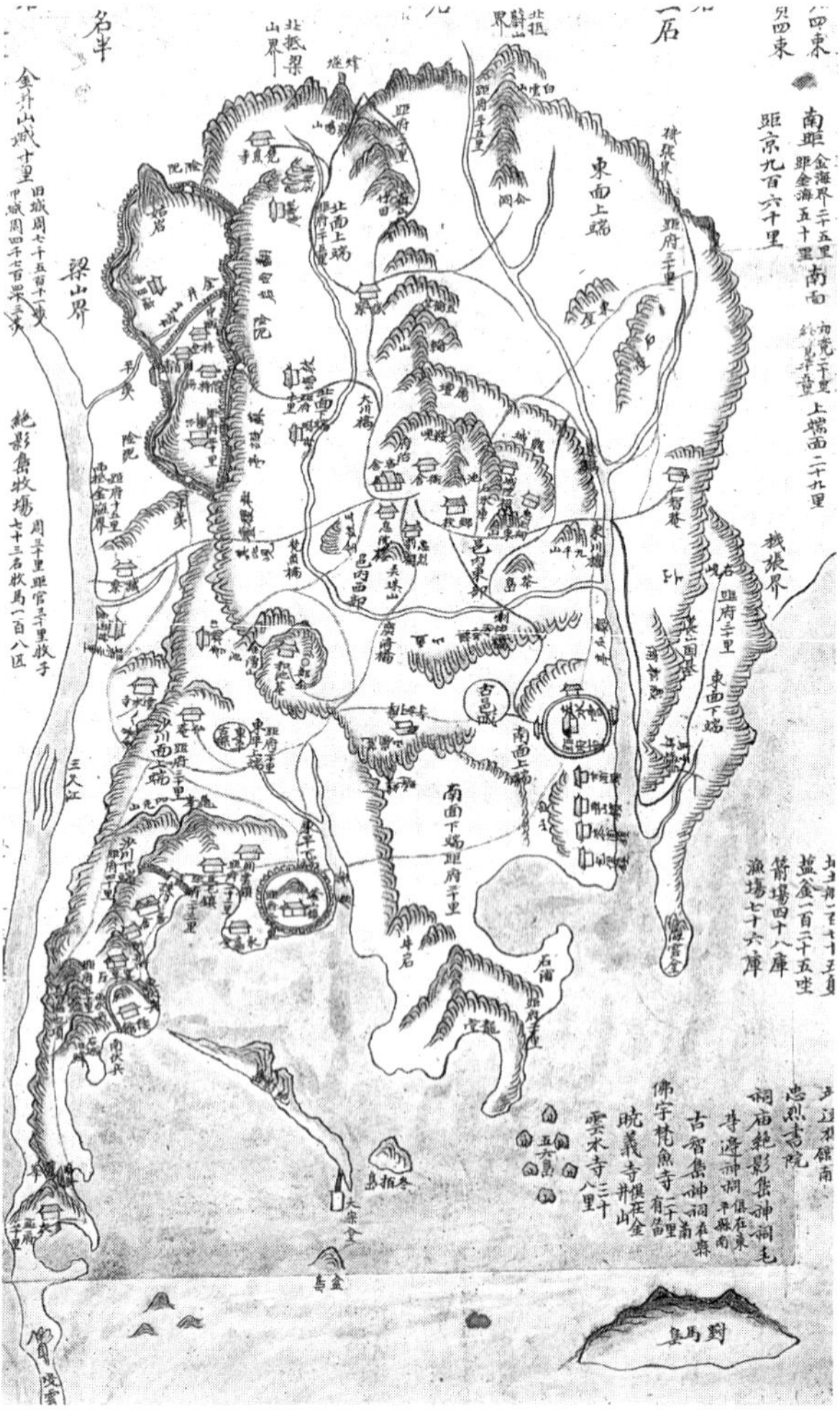

図 2-11　東萊府と倭館を示す古地図

右上方、池や郷校、客舎のあるあたりが東萊府、左下方に倭館がある。『東海地図』より。

番所が置かれているだけであって、釜山浦を一望できる。下の口というのは、絶影島の西の入り江を指す。「下ノ口に于切あり。これを薩摩堀と云。壬辰乱の時、薩摩の兵船を繋ぐために掘れりと云。韓人は絶影島の西の江と云」とある。毎年、四月十四日になると、ここへ朝鮮の船が集まる。文禄の役（一五九二年）の初め、日本軍が上陸して釜山鎮を取り囲み、僉使鄭撥《チョンバル》らが討ち死にした日である。戦死者を悼むこと、それと奇襲に備えてのいわば防衛訓練を行うが、「此事、館内には大に秘すと云」とある。一日掛かりの登山を終え、晩に帰館したというが、どこから入ったかは黙して語らない。

打見れハ　ミな世の中ハ　白妙に
　牧の島にも　つもる雪かな

このあと『愚塵吐想』は、倭館の冬の厳しさ、故郷のこと、年の暮れ、新年、九徳山への春の登山など、諸々の場面を詠んだ歌で埋めつくされる。

宴んことに、礼房《れいばう》みやけ　かん椿
　おりに膳部を　送る初鰤

館中も　響く大筒　年の暮
　長屋長屋の　棚煤払

礼房が　朝市もとり　福寿草
　又もさけくる　梅鉢の花

初市や　長袖まじり　祝ふ春
　から哥中に　柳島そや

最後に、著者が「館八景」と題した歌のなかから、四首ほど紹介しておこう。

釜山帰帆
　真帆片帆　行かふ春の　釜山浦
　　塩干静に　遊ふ海面

呼崎夜雨

五月雨に　笘船呼し　夜の声
　菖蒲酒にて　飛ひあかる酔

館亭秋月
館亭の　名にもまさりし　秋月
　楽みあかす　十六夜の空

牧嶋暮雨
白雪や　牧の姿も　富士峯
　羽も見事な　峯の舞鷹

第三章　公館としての倭館

一　二層式の外交

江戸時代の日本国と朝鮮国とは、どちらが上でも下でもない、対等な交隣関係を維持していた。このことは通信使が持参する国書の書き出しの「朝鮮国……」の文字と、改行した「日本国……」の文字が、必ず同じ高さで書かれる書式になっていたことからも窺うことができる。重要なことはこの日朝関係が、近代国家にはみられない「二層式の外交」のうえになりたっており、倭館はその複雑な外交を支えるための〝公館〟としての機能も兼ね備えていたことである。

まず、二層式外交の「表《おもて》」の部分をみてみよう。日朝両国の国家元首である将軍と国王は、国書の交換によって互いの存在と友好関係を確認しあう。この国書を運ぶのが、朝鮮通信使である。通信使は、江戸時代を通じて一二回来日し、構成員は上使（正使）、副使、従事官からなる三使、上々官

（通事）、上判事（倭学教官）、学士（文書起草役）、上官（医師・画家・軍官など）、次官（馬上才・典楽など）、中官（小童・旗手・鼓手など）、下官（水夫など）ら、四〇〇～五〇〇人におよぶ大使節団である。しかもこの通信使に随行し、あるいはその前後を護行する対馬藩主や外交僧（以酊庵《いていあん》輪番僧）たち、さらに荷物を運ぶ人夫らが加わると相当な人数にふくれあがる。それでも大坂までは船で行くからまだ良いが、大坂から江戸まで中山道、美濃路、東海道に至る陸路約五〇〇㎞は行列を組んで往来する。通信使行列に詳しい横山恭子氏の研究（「近世中期朝鮮通信使の乗馬調達」）によると、享保《きょうほう》四年（一七一九）の事例で、行列の総勢は使節団の一〇倍にあたる五〇〇〇人弱に及んだという。一行は、輿《こし》や駕籠《かご》、馬、徒歩などで移動する。このうちとくに馬は乗馬用・荷物運搬用を合わせて一〇〇〇疋以上を必要とされており、幕府は全国の大名に命じて通信使用に選りすぐりの乗馬を提供させていた。

通信使行列とは、これほどの人と馬の移動を伴うものである。一行への食事や宿の提供、馬の世話係りに至るまで、それこそ現代のサミット開催以上の準備と費用を要したと察せられ、国をあげての一大イベントであったことは間違いない。もっとも幕府がこうした使節団を迎え入れた背景には、それなりのメリットがあった。外国から盛大な賓客が来日することは、ひるがえってみれば徳川政権が東アジア国際社会で認知された証《あかし》であり、またそのことは同時に将軍の統治能力を示すものとして国内治世にも利用されていたといえる。

ただし、こうした通信使に代表される晴れの舞台だけが、日朝外交の総てであったわけではない。

図３－１　輿・馬・かごで移動する通信使　『朝鮮国信使絵巻』（部分）
長崎県立対馬歴史民俗資料館所蔵

実は、この表面に出ている部分を支えるための裏方役があって、はじめて対等外交が円滑にいっていたといえる。それが、対馬藩宗氏による〝実務外交〟である。江戸幕府は日朝外交を推進するにあたって、現代の外務省にあたるような専門部局を幕閣のなかに置かずに、あらゆる実務を対馬藩宗家にまかせきっていた。たとえば将軍が新しく就任すると、対馬から関白承襲告慶差倭《かんぱくしょうしゅうこっけいさわ》という使節が朝鮮へ派遣される。「差倭《さわ》」というのは、定例使節ではない臨時使節を意味する。さらに通信使の来日を要請するには通信使請来《せいらい》差倭、出迎えと江戸までの護行には通信使護行《ごこう》差倭、見送りには通信使護還《ごかん》差倭、来日を延期するには通信使請退《せいたい》差倭といった具合に、一つ一つが対馬から使節が派遣されて初めて用向きが伝えられ、来日の実現となるのである。このように通信使の派遣要請から江戸までの往復旅程の細部にわたる企画から実行に至るまで、総てが対馬藩によってお膳立てされており、これが日朝外交を構成する「もうひとつの層」である。

この「もうひとつの層」の実務外交を代表するのが、通信使とは別に来日する朝鮮使節の存在である。朝鮮の司訳院《しやくいん》に属する日本語通訳官のうち、国王に拝謁できる堂上《どうじょう》訳官が正使になるため「訳官使《やっかんし》」と称し、あるいは対馬藩主の江戸からの帰国を慰問したため「問慰行《もんいこう》」とも呼ばれている。人数は少なくて四〇から五〇人、多い時でも一〇〇人余りで、通信使の規模や華やかさなどには及ぶべくもない。しかも対馬島内で応接されるため、全国に知れ渡ることもない。通信使絵図は全国各地に多く残されているが、訳官使を描いたものは極めて少なく、これも知名度が低い理由といえる。しかし江戸時代を通じて六〇回近くも派遣されており、通信使の五倍くらいの外交接触回数である。

訳官使を描いた貴重な絵巻物が、慶應義塾大学文学部古文書室に保管されている。絵図が描かれたのは幕末の安政二年（一八五五）で、最後の通信使が来日した文化八年（一八一一）の四四年後にあたる。正使・金継運《キムゲウン》（聖始）、副使・李漢基《イハンギ》（仲男）ら八五人が朝鮮船一艘に乗り込んでいる場面から始まり、一行が対馬上陸後、隊列を組んで対馬の町を練り歩く様子が描かれている。行列は、馬にまたがった小通事を先頭に令旗を掲げ、砲手や三穴銃をかかえる軍官、小童に混じって、喇叭《らつぱ》、螺角《らかく》（ほらがい）、太平簫《たいへいしよう》、笛などを持った楽隊が歩いて行く。それはさながら、通信使の縮小版といえる。

この訳官使の迎接に、差倭に属する外交実務官「裁判《さいはん》」が遣わされる点も通信使と同じである。『裁判記録』や朝鮮側の記録『増正交隣志』『辺例集要』などで訳官使来日の目的を探ると、将軍や対馬藩主とその家族の吉凶、通信使関係、日本人漂流民などに関することが多いが、これらの交渉のかたわらで朝鮮米や朝鮮人参の輸入問題、倭館で起こった密貿易（潜商）や交奸《こうかん》（女性連れ込み事件）等々、倭館で起こった様々な懸案事項を対馬藩主や重臣らとじっくり話し合っていることがわかる。通信使は「祝賀」の使節であり、来日時にこうした訳官使が行うような実務外交は決して行わない。逆にいえば訳官使があったから、通信使は激しい議論を伴う外交折衝を行わずに済み、晴れの舞台だけで時を過ごすことができたといえる。

このようにみていくと、日朝間には幕府とは別個の「対馬外交」が存在しており、日朝外交のやり

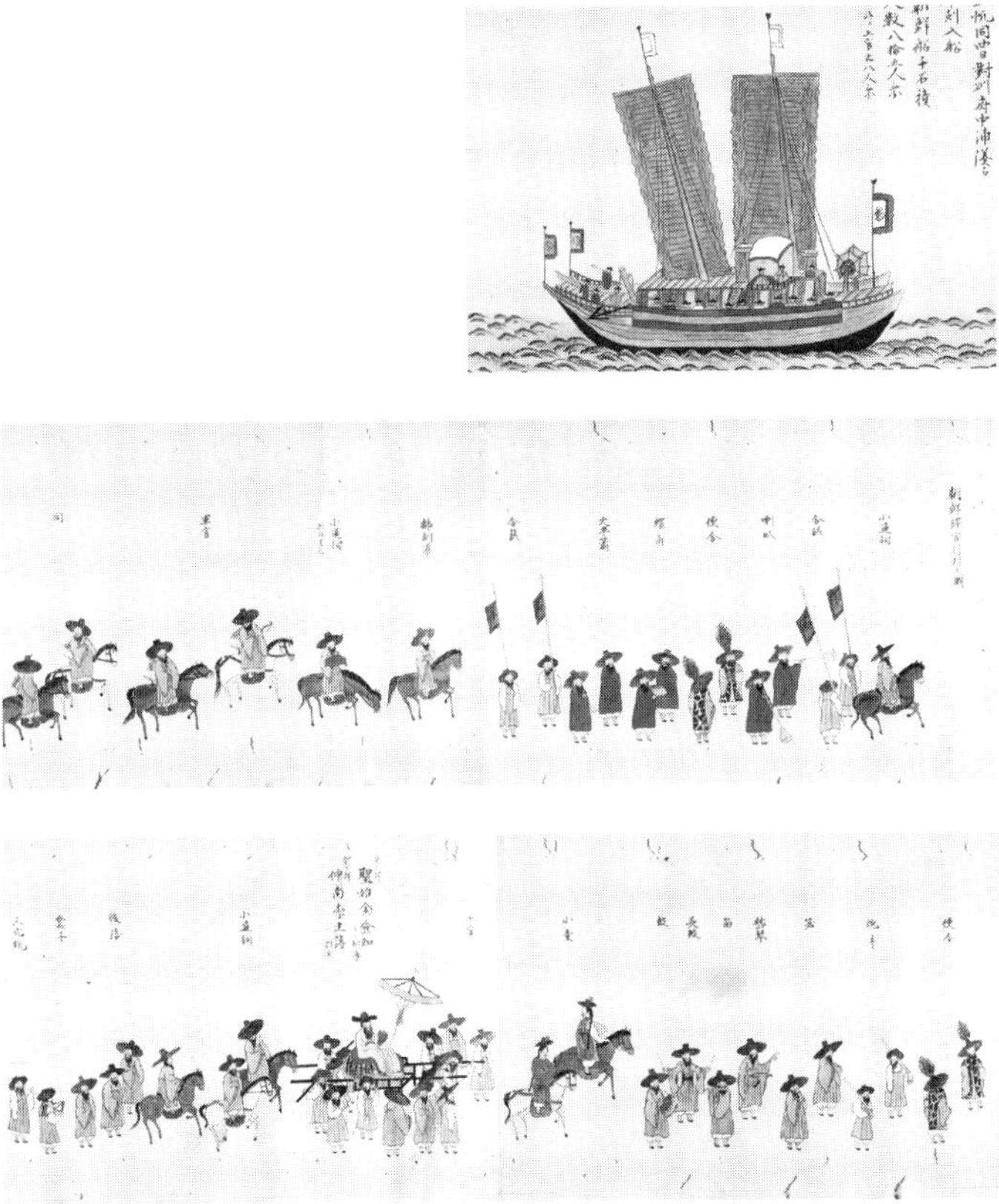

図３－２　『朝鮮船入津之図・朝鮮訳官行列之図』（部分）安政２年（1855）
慶應義塾大学文学部古文書室所蔵

方は明らかに二層式になっていたことを示している。日朝関係をこのような複雑な構造にしたのは、ひとつには日本も朝鮮も、共に抱いている中華主義的な自国意識を、正面から直接衝突することを回避させるためでもある。中国を宗主国とする冊封《さくほう》関係は、東アジアの伝統的な国際社会の原型となっている。日本も朝鮮も、そうした文化に影響されて歴史を積み重ねてきた国である。「自国こそが上位で、相手国は少しでも下に位置づけたい」と願う国家意識が、双方に育っていたとしても不思議なことではない。しかも、かたや幕藩制社会、かたや王朝社会という異質な社会体制が、対等な関係を維持していくのは、容易なことではない。

そこで、対馬藩宗家の出番となる。宗家は、中世から朝鮮国王に対して朝貢的立場にある。将軍と国王。この両者の下位にいて、互いの主義主張を和らげながら外交を推進する。幕府は、そうした位置づけにある宗氏を積極的に利用し、政府の代行役を務めさせていた。それは外交の場における、いわば緩衝装置のような働きをし、同時に二つの異質な国家をリンクさせるための存在でもあった。

かつての柳川事件は、逆にこうした宗家の役割を幕府に再認識させる機会でもあった。幕府の選択した対朝鮮関係は、中世以来の伝統的な「対馬外交」の流れをくむ「二層式の外交」である。この図式のなかにいる限り、宗家は独自の地位を保証され、取りつぶしを免れる。また宗家は、その位置におさまることによって、「鎖国」時代にもかかわらず、最も望む朝鮮貿易の独占権を手にできるのである。

日朝外交の、いわば裏方役にまわった対馬藩宗家は、幕府になりかわって外交の実務推進役を務めなければならない。訳官使来日は数年に一回の割合であるから、日常的な外交運営の「場」となったのが倭館である。対馬外交に依存している幕府は、倭館に匹敵するような館を最後まで日本国内に常設しなかった。だから倭館は、日朝外交の執務所としては唯一のものとなる。近世の倭館は、客商館という機能以外に、〝公館〟という役割も兼ね備えることになったといえる。

二　倭館外交の様子

では具体的に、どのような人々や船が派遣され、倭館で外交を推進したのだろうか。

まず、日本から朝鮮への使節の派遣であるが、幕府は通信使に匹敵するような使節（国王使）を一度も派遣することなく、日本からの使節はすべて対馬藩宗氏に任せきっていた。すでにみたように客人として倭館西館へ入る使節は、定例（年例送使）と臨時（差倭《さわ》）がある。このうち年例送使は、寛永十二年（一六三五）に「兼帯《けんたい》の制」が成立してから後、かなり整理されるようになった。基本的に年例送使の倭館入港は、西館が一度に混みあわないように月ごとに割りふられている。正月には歳遣第一船・二船・三船、二月は歳遣第四船と以酊庵送使、三月は一特送使、六月は萬松院送使、八月は副特送使といった具合に、五つのグループに別けて派遣される。こうなると一年間に入港する年例送使

表3－1　年例八送使一覧表

派遣月	名　称	兼　帯	寄　乗	船　数	再渡	留館日限
1月	歳遣第一船送使			本　船1 水木船1	 1	日 85
	歳遣第二船送使		第三船送使	本　船1	1	85
	歳遣第三船送使			本　船1		85
2月	以酊庵送使		第四船送使	本　船1	1	85
	歳遣第四船送使	第五～十七船		本　船1		85
3月	一特送使	二・三特送使 中絶船		本　船1 副　船1 水木船1	1	110
6月	萬松院送使 （彦満送使）*			本　船1 水木船1 （本船1）	1 (1)	85 (85)
8月	副特送使			本　船1 副　船1 水木船1	1	110

＊彦満送使（のちの義真公送使）は、寛永19年～元禄15年（1642～1702）まで渡航。
この期間のみ年例送使は、「九送使」となる。
田代和生『近世日朝通交貿易史の研究』より。

の数は八回になることから、これらの使船を「八送使《はっそうし》」と総称している。

年例八送使の派遣月、船数、兼帯、倭館留館日数の規程などを整理したのが上掲の表である。このうち「寄乗《よせのり》（同騎《どうき》ともいう）」というのは、一月と二月に渡航する歳遣第三船と第四船の使者が、同じ月に派遣される使船にそれぞれ相乗りすることをいう。歳遣第三船と第四船の名目だけを残した船は、使者を乗せずに後で渡航することができるから、貿易額には何の影響もおよぼさない。「兼帯の制」と同じく、年例送使にともなう外交経費をできるだけ節約しようという意図から考案されたものである。これら年例送使は、時候のあいさつなど、文字通り定期的な外交儀礼が主な役割となる。

これに対して日本や朝鮮になにか特別な出来事があったとき、そのつど臨時の使船が派遣される。これまで度々出てきた「差倭」である。差倭は派遣の目的、重要度に応じて、外交文書を対馬宗氏と朝鮮の礼曹参判《れいそうさんばん》あるいは礼曹参議《さんぎ》との間で取り交わす。礼曹参判というのは、外交その他の国家的行事をつかさどる礼曹において、大臣クラスの判書（正二品）につぐ二番目の位階（従二品）で、参判の下が参議（正三品）である。朝鮮側では礼曹参判へ遣わされた差倭を特に「大差倭」と称し、中央政庁から接慰官《せついかん》を倭館へ派遣して篤くもてなすのを恒例としている。対馬側でいう「参判使《さんばんし》」がこれで、参議へ派遣される「小差倭」と、使節団の構成や応接内容などの面で、かなり優遇されている。

江戸時代を通じて定例化された差倭の日朝両国の呼称、派遣目的、使節団と使船の構成などを表にまとめてみよう（表3−2）。これによると大差倭（参判使）は、将軍家の吉凶、宗家の家督関係、通信使関係が主な目的で、小差倭は朝鮮国王の凶事、対馬藩内の通報、漂流民の護還などであることがわかる。また朝鮮国王の即位を慶賀する「陳賀差倭《ちんが》」は、外交文書の宛先こそ礼曹参議であったが、将軍即位を慶賀する通信使と同じような使命であることから、特にこれだけ大差倭として扱われ、対馬側でも参判使扱いとされている。これら差倭の派遣数は年間決まっているわけではないが、多い年だと一〇回くらい派遣されることがある。このため倭館にいくつかの使節が重なって、混雑すること

表3－2　差倭（参判使）の種類

	朝鮮側呼称	日本側呼称	使　　命	使節団の構成	朝鮮側応接官
大差倭（参判使）	関白承襲差倭	大慶使	将軍の新立報告	正官　1名 都船主　1 封進押物　1 侍奉　2名 伴従　16 格倭　70 使船以外に桍船・脚船水木船各1艘、格倭各70名	中央の接慰官
	関白告訃差倭	大訃使	将軍の死亡報告		
	関白退休告知差倭	遜立使	将軍の隠居報告		
	関白生子告慶差倭	慶誕使	将軍世継の出生報告		
	関白生儲告慶差倭	立儲使	将軍養子の決定報告		
	島主承襲告慶差倭	告襲使	島主の新立報告		
	島主退休告知差倭	退休使	島主の隠居報告		
	図書請改差倭	図書使	新島主継位の際の新印改給を要請		
	通信使請来差倭	修聘使	通信使の派遣要請		
	通信使護行差倭	迎聘使	通信使の出迎え		
	通信使護還差倭	送聘使	通信使の護送		
小差倭	陳賀差倭*	陳賀使	朝鮮国王即位の慶賀	正官　1名 押物　1 侍奉　1 伴従　10 格倭　40	慶尚道の郷接慰官
	弔慰差倭	陳慰使	朝鮮国王死亡の陳慰		
	島主告還差倭	告還使	島主の対馬帰国を報告		
	島主告訃差倭	告訃使	島主の死亡報告		
	漂人領来差倭	漂着使	漂流民の護送		
	裁判差倭	裁　判	各種の交渉		

＊　応接等は、大差倭扱い。
田代和生『近世日朝通交貿易史の研究』より。

がある。また改築などで西館が使えない場合もあり、そのようなときは東館が客館用に提供されることもしばしばある。

年例送使・差倭のいずれにせよ使節が倭館に入ると、それぞれの格にしたがって中央から接慰官、あるいは地方官が派遣され、倭館の外に設置された宿所（柔遠館）に入って使節が帰国するまで応接役をつとめる。いっぽう対馬からの使節は、入港すると下船宴・封進宴・中宴・乗船宴など、倭館滞在のスケジュールにしたがって規定の宴席が設けられる。当日の式次第は、すべて朝鮮方式で進められる。このうち封進宴の日に行われる粛拝式（朝鮮国王に対する拝礼）は、最も重要な儀式とされている。もちろん都におられる国王が、釜山まで来られるはずはない。「殿牌」といって、国王の象徴を拝礼する。

図3－3　粛拝の図　『東萊府使接倭使圖』韓国、国立中央博物館所蔵

このときの様子を描いた貴重な絵図が韓国の国立中央博物館に残されている。この絵図のなかの「草梁客舎」という場面である。その正面奥に殿牌が据えられ、手前の庭に座らされた使者がこれから粛拝式にのぞもうとしている。拝礼はまず殿牌の前に直立し、膝を曲げて「鞠躬《きつきゆう》」（伏せるように大きく前へかがみこむ敬礼法）で四拝する。その一拝ごとに、朝鮮の小通事（下級の通事）が日本語で「お立ち」と叫び、それまで身を

図3－4　宴亭の図　『東萊府使接倭使圖』韓国、国立中央博物館所蔵

起こしてはならない（『(館守) 毎日記』）。図をみると、客舎の前に朝鮮の役人たちが並んでいる。向かって右に接待官、左に訳官が立つのがしきたりだが、その従者たちも横にひかえる。これだと殿牌へ拝礼するときに、皆も一緒に拝んでしまう。「国王への粛拝だから、殿牌の前に立たないで欲しい」と要望したこともあるが、ついぞ聞き届けられたことはなかった。朝鮮国王への朝貢者の位置に置かれた、対馬藩宗家のひとつの姿がそこにある。

粛拝式が終了すると、場所を宴大庁に移して宴享儀にはいる。これも図でみると、中央の屋内の右に朝鮮の官僚、また左に対馬藩の使節が座り、主だった者の前に酒と肴の類を乗せた膳がしつらえられている。酒は九献、肴は七種（魚や干肉など）というのがきまりである。この間に、前のほうでは楽人らによる歌と舞（妓戯）が演じられる。女性たちは女楽人《じょがくじん》といって、東萊府《トンネ》に属する芸妓である。倭館で宴享儀があると、役人とともに出張してきて王朝の伝統芸を披露する。倭館の宴享儀に、女楽人がいつから出るようになったのか、詳しいことはよく分からない。『辺例集要』によると、江戸時代の初め、一時的に小童《しょうどう》（男の子）が歌と舞を務めたことがあったという。ちょうど通信使に随行する、小童と同じである。それが「古来からのしきたり」ということで、まもなく女楽が復活しているところをみると、中世からの伝統であることは間違いないようだ。倭館での公的な席上、朝鮮女性を見ることができる唯一の機会でもある。

三　外交三役の役割

外交は西館ばかりでなく、東館でも行われる。これを担当するのが、館守・裁判《さいはん》・東向寺僧の三役である。いずれも古倭館時代から派遣されているが、新倭館移転後は東館にそれぞれ広い住居を与えられている。もちろん、西館に入る使者（客人）とは一線を画す。東館の外交は、どちらかというと幕府、あるいは対馬藩当局によって持ち込まれた実務外交を中心とする。

外交三役のうち、館守は倭館の主管として、交渉の顚末をすべて把握し、直接の担当官である裁判とともに諸事の折衝にあたらなければならない。倭館を統括する館守が常駐するようになったのは、

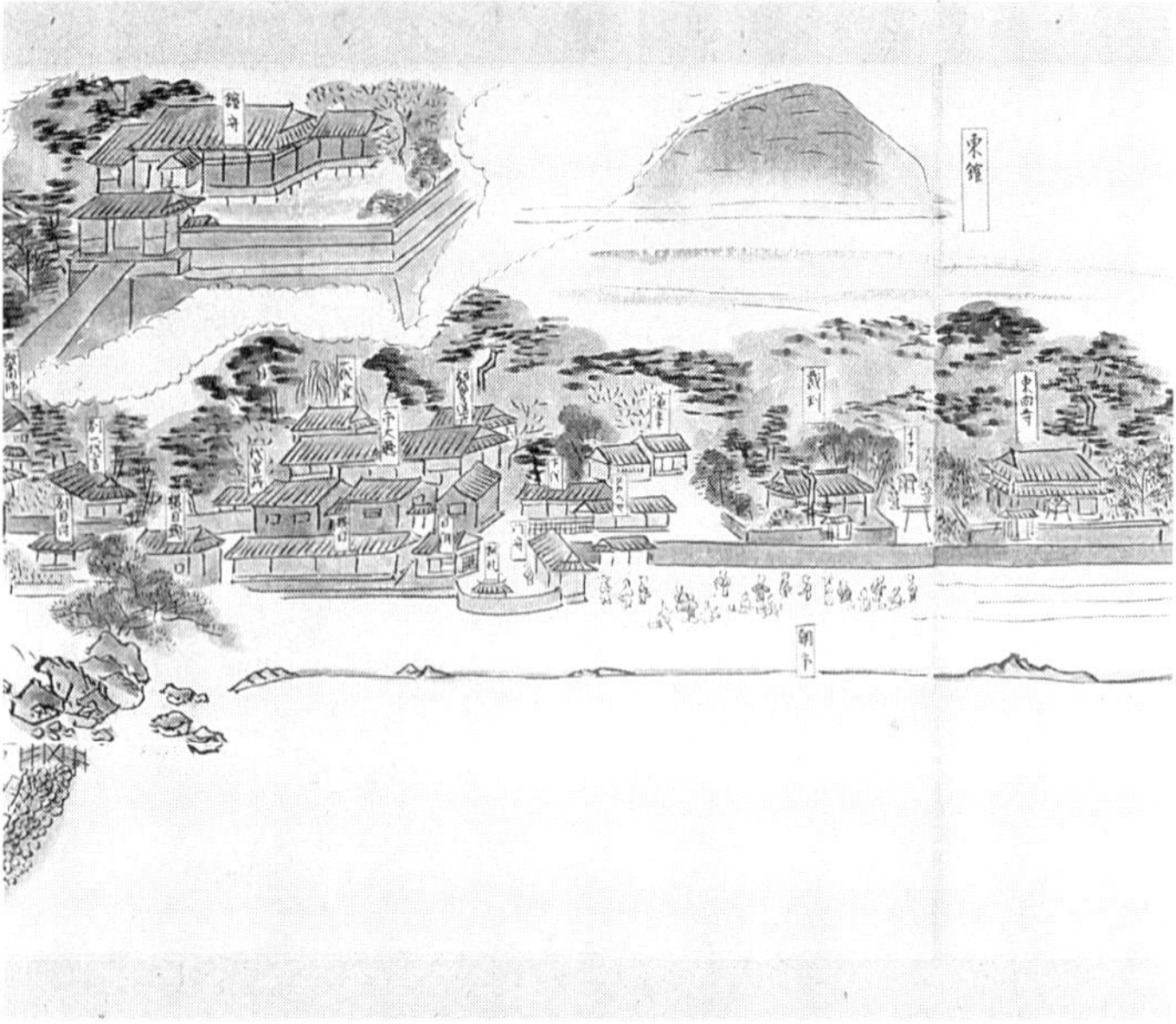

図３－５　**館守屋、裁判家、東向寺**　『朝鮮図絵』京都大学附属図書館所蔵谷村文庫

寛永十四年（一六三七）内野権兵衛のときからである。この二年前に柳川事件が解決しており、対馬藩主宗氏を中心に藩政機構の整備がすすめられ、倭館にも居住者の統率役を必要としていた時期にあたる。

館守の具体的な役割は、『館守条書』によって知ることができる。これは「朝鮮御用支配」と称する朝鮮向担当の家老から館守へ令達されたもので、全文一七ヵ条からなる。かなり長文のため、ここでは、その代表的な条文四ヵ条のみを抜き出しておく。

（第一条）
一、館守は、御朱印に書かれた条目の内容をしっかりと守り、館内の者たちへ規則のことを常日頃から申し渡すこと。（朝鮮側通訳官が住む）坂の下へ行く者へ、通行札を持たせること。ただし頻繁に外出する者は、用事の内容を調べること。
（第三条）
一、両国のご通交は古来から事情があってのことで、交易など滞らないように常に申し渡すこと。万一、御国（藩当局）のやり方が朝鮮国の心に叶わないこともあるかも知れない。このことを承ったならば、その内容を詳しく言ってよこすこと。場合によっては、改めねばならないこともあるだろう。総じてご通用のことで意見があれば、遠慮無く申すように。附《つけた》り。（倭館駐在の）役人や商人たちへ、両国の間で非法な振る舞いをしないように常日頃申し渡すこと。
（第五条）
一、朝鮮国および北京筋の風説について、ともに此方（日本側）では重要な関心をもっている。虚実にかかわらず、物事の内容を聞き立てておき、時期をみはからって内々に書き送ること。
（第六条）
一、使船の使者へ（朝鮮から）返書が渡される時分になると、訓導《くんとう》・別差《べっさ》（朝鮮の通訳官）が（その返書へ）上封をする。この時、もし貴殿（館守）が病気などで検分が困難な場合は、裁判か横目頭をつけて、書役の僧（東向寺僧）および日本側の通詞、そして訓導・別差が同席したところで改めること。取り違いのないよう随分念をいれ、上封をすること。

これによると、まず第一条で館内の規約遵守を義務づけている。「御朱印」というのは、代々の館守の交代期に申し渡す書類（倭館壁書）で、ここに倭館で守るべき項目が書かれている。倭館壁書の内容については、第五章で触れることとする。

第三条では、朝鮮との通交・貿易が円滑に行われるよう、館守が日頃から細心の注意を払うよう指示している。倭館から離れた国元では、つい現場のことを配慮しないで、目先の利害で方針を決定してしまうことがしばしばある。とくに交渉ごとに幕府の意向がからむとき、藩としては現場の空気を出来るだけ正確に察知して、とるべき判断を見失ってはならない。この条文に「万一、御国のやり方が朝鮮国の心に叶わないこと」があれば、「その内容を詳しく言ってよこすこと」、あるいは「意見があれば、遠慮無く申すように」などとあるのは、現場にいる館守の意見を尊重し、藩の指針を決めていこうとする姿勢がみられる。

第五条は、朝鮮および中国方面の情報収集とその通報を、義務づけた項目である。「朝鮮国および北京筋の風説について」「内々に書き送ること」とある。「鎖国」時代にあって朝鮮経由で入手できる情報は、幕府に対する対馬藩の最大の功績であり、これこそ倭館が存在している意義であったとさえ考えられる。条文には「虚実にかかわらず」とあるが、風説（うわさ話）のなかには、時々とんでもない真実がまぎれ込んでいることもある。現地の最前線にネットを張って、緻密な情報収集作戦を展開できるのも倭館の強みである。

第六条は、倭館で取り交わされる外交書簡の検査にかかわることである。外交書簡の内容はもちろん、封をする現場に必ず館守が立ち会うことを義務づけ、病気等でそれが不可能になったときの措置まで指示している。この外交書簡の取扱については、第七条・十四条・十五条・十六条でもくり返し申し渡しており、館守の職務としてそのことがいかに重要であるかを示している。この外交書簡については、後述する東向寺僧の職務とも深くかかわってくる。

このように館守の職務は外交・貿易はもちろんのこと、倭館住民の管理にまでおよんでおり、実に多岐にわたる。このうち外交に関しては、朝鮮との交渉内容、進めかたなど、具体的なことは国元から指示が出されるが、成り行きによっては現場で即断を下さなければならないこともある。外交の実務官は裁判が行うが、館守はその相談相手であるばかりでなく、必要とあらば朝鮮側の担当官との間に立って自ら意見調整に乗り出さなくてはならない。時として国元の指示する方針とは別な結論へ導くことさえあり、そうした状況をふまえた適切な判断が館守に求められてくる。

館守条書のなかに、幕府が対馬藩に求めてやまない事項がある。朝鮮半島から中国大陸におよぶ、情報収集である。幕府にとって国際情報は、これ以外に長崎に入港する中国船やオランダ船、あるいは薩摩藩からも集めることができる。それらは「鎖国」時代の限られた世界への目であり、耳となるべき情報網である。ただし長崎や薩摩藩から送られてくる情報は、交易ルートの関係でどちらかというと南方からのものに偏りがちである。これに比して、倭館は唯一、北からの情報を伝える。

倭館から来た雑多な情報は、対馬藩内で取りまとめられて幕府へ送られる。そのうちとくに重要と思われる事件は、顚末を個別の報告書にまとめて、後日あらためて幕府へ献上する。たとえば一六二七年（寛永四）の後金国（後の清国）の朝鮮半島侵入、一六四四年（正保元）李自成の北京陥落と清軍の入城、一六七三年（延宝元）〜八一年（天和元）まで中国南部をゆるがす「三藩の乱」の動行、一八五一年（嘉永四）の「太平天国の乱」などが、詳しい報告書付きでいち早く幕府のもとへ送られている。

このうち幕末期「太平天国の乱」の第一報は、北京におもむいた朝鮮の冬至使の一員がもたらした。館守に伝えたのは倭館出入りの通訳官や商人らで、それも極秘情報であったという。これを読んだら直ちに「火中にいたしくれ候ように」という文面もあり、それがそのまま幕府へ伝えられるなど緊迫した状況が報告されている。情報は、幕府が興味を持ちそうな特ダネばかりとは限らない。「いまのところ何ごとも起きていない」というものも重要である。東アジア諸国の政情安定を探るためにも、倭館情報は常に幕府の関心を集め続けている。

外交三役のなかで、館守につぐ重要な役職をこなすのが裁判《さいはん》である。これは現代にいう司法官ではなく、純然とした外交官である。何か個別の交渉ごとが生じたとき倭館へ派遣される。裁判の起源は館守よりも古く、文禄・慶長の役（一五九二〜九八年）以前といわれる。始めは町人が派遣されていたが、慶安四年（一六五一）官営貿易の輸入品である木綿を米に換える「換米《かんまい》の制」が成立し、この年限交渉役に裁判があたったため職務範囲が複雑になり、そのころから士分の者がこの任につくようになった。

裁判に対する朝鮮での応接基準は、「小差倭」である。しかし、ほかの差倭と違って留館（倭館滞在）期限もなく、ひとつの裁判が派遣されている間に、別の交渉ごとが起きれば、前の裁判とまったく別個に派遣される。このため倭館には、必ず一組の裁判が滞在しているようになり、いつしか常駐役員の扱いをうけるようになった。裁判の派遣目的は、大きく分けてつぎの四通りである。

①信使迎送裁判

通信使請来差倭（修聘《しゅうへい》参判使）に先だって派遣。通信使派遣に関する下交渉を行う。また信使が帰国するときも信使護行差倭と同行して釜山まで見送る。

②訳官迎送裁判

対馬へ派遣される訳官使の送迎のため派遣。

③公作米《こうさくまい》年限裁判

「換米の制」成立後、朝鮮米の輸入交渉のため派遣。元禄十二年（一六九九）より定例化する。

④幹事裁判

右の三種以外の交渉のとき派遣。

一般的な外交実務と信使・訳官使の迎送役以外に、公作米年限交渉役が裁判に課せられたことが、この役職の位置づけを不明瞭なものにしている。「公作米」とは、官営貿易の輸入品を朝鮮木綿（公課として徴収されることから公木《こうぼく》ともいう）で渡されていたところ、木綿の不作時に米に振り替えて支給されるようになったことから、「米を公木に作《かえ》る」と書いて木綿がわりの米を意味する（第四章参照）。支給年限を五年間とされており、期末ごとに裁判が延期交渉を行ったことから、藩内では「米取り裁判」などと揶揄《やゆ》されたこともある（『賀島兵介言上書』）。

裁判役は、かつて商人がこの職にあったころは、かなり長期間にわたって倭館に滞在して任務を遂行していた。ところが一六五〇年代以降、士分がこの役目を担うようになってから短期交代制をとり、それも以前に館守役を務めた者が裁判となって倭館へ派遣されることが多くなった。この状態について対馬藩のお抱え儒者である雨森芳洲《あめのもりほうしゅう》は、「一館の主」を務めたほどの者を（その下の）裁判に任じるのは秩序に違反すると手厳しく批判している（『天龍院公実録』）。しかしこれを別な面からとらえると、それだけ日朝間における裁判役の重要度が増した結果とみることができる。米のとれない対馬にあって、朝鮮米の確保は人々の死活問題でもあり、その年限交渉役の裁判の役割は重要なことはいうまでもない。

裁判の任務がいかに大変であるかは、享保《きょうほう》十四年（一七二九）公作米《こうさくまい》年限裁判となって倭館へ派遣された芳洲自身が、身をもって実際に体験するところとなる。このとき芳洲が藩から仰せつかった役割は、公作米の年限延長に加え、朝鮮から支給される米・木綿・人参の質を向上させること、それと「堂供送使《どうきょうそうし》」の派遣認可をとりつけることであった。「堂供送使」というのは、対馬府中の東照宮（別名権現堂《ごんげんどう》、徳川家康をまつる）からの使者派遣を名目に祭祀費用を要求しようとするもので、対馬側の言い分によると、この使船派遣は以前（一六六六年）に認められたものが中断したままになっているという。このように裁判は正規の任務以外に、藩がかかえる数件の懸案事項をたずさえて交渉に臨んでいたことがわかる。

図3－6　雨森芳洲　滋賀県長浜市 芳洲会所有 「肖像224号」

　芳洲は裁判役に就任する前年、日朝交流のための指南書ともいうべき『交隣提醒《こうりんていせい》』を藩主へ提出したばかりである。ここには日朝間の「交隣」の意味、あるいは「誠信之交《まじわり》」なるものが余すところなく説かれている。交渉成就のための秘訣を知り尽くした芳洲のこと。しかも朝鮮政府との間を斡旋してくれる通訳官（訓導）は、「誠信」の理念を共有する旧知の玄徳潤《ヒョンドギユン》（錦谷）ということもあって、数ヶ月のうちに解決できるとみていた。ところが実際に交渉に入るや、次々と予想外の問題が発生して、約束した米や木綿が充分に倭館に搬入されずに、いたずらに月日を重ねるばかりであった。交渉に入って一年余りを経過する頃になると、「とかく今のやり方では、米でも木綿でも人参でも、質の悪いものは請取を拒否する以外に良い方法はない」「朝鮮の風儀は日本向きとは違う所に気づき、宜しくご処置されますように」といった、なかば諦めに近い文言が並ぶようになる（『裁判記録』享保十五年七月二十四日）。結局一年半の歳月をかけて、公作米の支給は五年の年限延長を認められたが、「堂供送使」の要請は取り下げざるをえない結果に終わった。

この芳洲の事例からもわかるように、現実の交渉現場は、言葉では言い尽くせない様々な困難が待ち受けていることは事実である。裁判は日朝外交の実務役として、その困難に常に臨機応変に立ち向かわねばならず、そうした煩雑な執務をこなすためにも、朝鮮の事情に精通した有能な人材を、それも藩直属の家臣のなかから選出していく必要があったと考えられる。

外交三役のなかで東向寺僧というのは、朝鮮側から「書僧倭」と呼ばれることからもわかるように、いわゆる書記官に相当する。対馬西山寺の支配下にある臨済系の寺庵に所属し、倭館東向寺（山号を白華）に二年交代で派遣される。倭館の他の役員ほどその存在は知られていないが、注目すべきことにこの僧侶は倭館での仏事法要以外に、倭館を通過するすべての外交文書を公式記録として保管、管理する。柳川事件以後対馬府中に駐在する以酊庵《いていあん》輪番僧（京都五山の僧侶による外交文書の担当官）と同じような役割を、日朝外交の「最前線」で果たしていたことになる。

東向寺の創設は不明だが、かなり古いとされている。現在、国立国会図書館に所蔵される東向寺僧の記録『両国往復書謄』の最古のものが承応三年（一六五四）であるので、それ以前であることは確実である。この東向寺創設と役割にかかわる重要な記事が、戸田頼母が館守をつとめていた寛政七年（一七九五）の『（館守）毎日記』にある。

（四月十三日）

東向寺へ備えてある書契跡留は、承応二年以前のものが不足している。すなわち寛永二年から承応二年までの跡留九冊である。これと「送り訳官裁判書」「送還李僉知死軀の書」「礼曹告多大浦前洋破船の書」およびその写し一冊を、交代僧一華庵へ渡すので東向寺へ備えて欲しい。兼ねてより申し渡しているような理由により、右の通り写しを持たせるので、すべての跡留をなおざりにしないように。これからは追々書き継ぎをし、以後は手入れの必要がないように念をいれ、この旨を（新任の）東向寺僧へ申し渡すように。

この日、東向寺は新旧交代にあたり、古役（朝陽軒の徳蔵司《ぞうす》）から新任（一華庵の宰首座《しゅそ》）へ事務が引き継がれることになった。右の文面によると、東向寺に備えるべき書契跡留（両国往復書謄）のうち承応二年以前のものがないため、寛永十一年（一六三四）から承応二年（一六五三）までの跡留九冊（恐らく控）とその他の書を新任の僧侶が朝鮮へ持ち渡り、これらを東向寺へ備えたとある。東向寺の記録は寛永十一年から存在していたようで、したがってその創設は古倭館時代のかなり初期であったことが分かる。「追々書き継ぎをし、以後は手入れの必要がないように」というのは、過去の記録だけでなく、これからの記録保存とその管理が、東向寺僧の重要な任務であったことを裏づけている。

しかも東向寺僧の役割は、自身で記録した両国往復書謄の保存、管理だけにとどまらない。先の『館守条書』のなかに、東向寺僧が担当する外交文書の取扱項目がいくつかあげられている。それによると、朝鮮側から出る公文書の内容、文字、体裁（文字の高下や点、画にいたるまで）などをチェックし、もし不備があれば受け取らずに書き改めさせるよう館守を補佐しなければならないとされている。しかもその守備範囲は、公文書だけにとどまらない。国元の家老、倭館の館守、裁判、代官、あるいは定例・臨時の使者らが朝鮮側と取り交わした書状（私文書）の類までも記録に留める。公文書・私文書いずれにせよ、それらは対馬藩、ひいては日本の外交の機微にふれるところが多い。このため東向寺僧の記録は、猥《みだり》に他見を致せず、もっとも自分控えさせ写し取り候儀、決して無用に候。
（『館守条書』一六条）

と規程されており、みだりに他見を許さず、たとえ寺僧自身のためであっても、写しをとることは厳禁であった。このように東向寺僧の職務から、倭館がまぎれもない日朝外交の「最前線」であることを再認識させられる。

四　膨大な『宗家文書』の誕生

近世独自の日朝外交のやり方、これにかかわった対馬宗家の役割が、やがて膨大な古文書『宗家文書』を世に送り出す契機となる。

外交という職務は、とかく故事先例が重んじられる。先例はやがて慣習となり、そのまま法という形で定着する。このため、いつ、何が、どこで、どのように処理されたか、記録に留めておけば、あとになって同じような問題に直面したとき解決の糸口ともなり、また交渉を有利に導くための手がかりを与えてくれることもある。記録が充実しているか否かは、そのまま情報量の多寡に直結する。それを保管し活用することは、外交を円滑に、かつ有利に進めるための重要なポイントであった。英語

図 3 - 7　萬松院境内にあった宗家文庫

図 3 - 8　未整理状態にあった『宗家文書』 萬松院宗家文庫内

図 3 - 9　長崎県立対馬歴史民俗資料館の収蔵庫

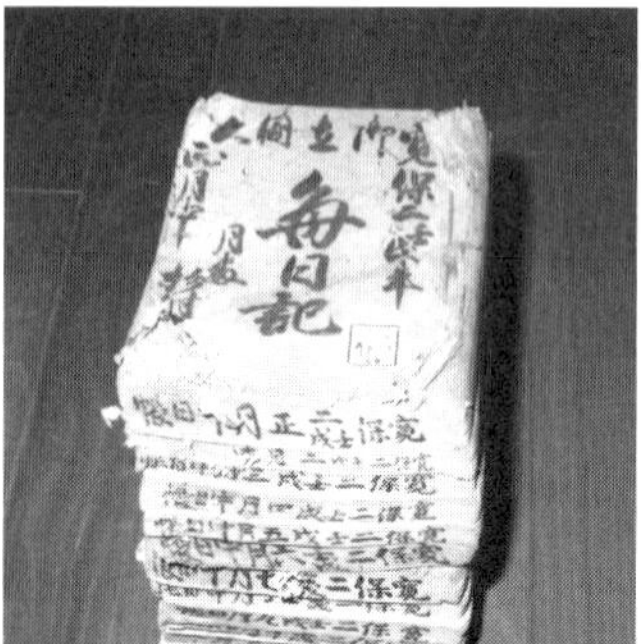

図 3-10　対馬藩庁の『毎日記』 長崎県立対馬歴史民俗資料館所蔵

の外交（diplomacy）と、古文書の古語（diploma）は、実は同じ語源からきている。これは、国際関係というものは口約束で終わるのではなく、必ず文字にして記録に留めておく行為を伴っていたということを言語学的に示しているといえる。

日朝間の実務外交を一任されていた対馬藩宗家にとって、その判断の根拠ともなるべき記録の作成や保存は切実な問題であった。そこで寛永年代（一六三〇年代）ごろから、外交の最前線というべき倭館の役員組織を整備するいっぽう、朝鮮との間で起こった様々な出来事を意図的に記録に留め、後日の問題処理のための保存につとめることにした。たとえば、倭館の館守や裁判に任命された者は、その役を拝命した日から筆を起こし、お役御免になって対馬に帰国するまでの全期間、絶え間なく記録をつけることを義務づけられている。初めは大したこととは考えていなかったことが、後になって重大な事件や問題に発展することがしばしばある。あらかじめ細かな記録さえつけておけば、事の発端から成り行き、顛末までを知るための極上の情報源となってくれる。あるいは事項別の項目にまとめておけば、倭館全般の百科事典ともなろう。現在、国立国会図書館に残る八六〇冊の『（館守）毎《まい》日記《にっき》』をはじめ、『裁判記録』や東向寺僧侶による『両国往復書謄』、あるいは朝鮮方が編纂した『分類紀事大綱《きじたいこう》』といった一連の倭館記録は、このようにして生まれた（第五章参照）。

対馬藩のすごいところは、こうした徹底した記録の充実を、単に倭館関係にとどめずに、対馬島内の治世や幕府関係などの方面にも応用したことである。がんらい宗家は、藩主として対馬領内の支配

対馬宗家文書保管所の変遷

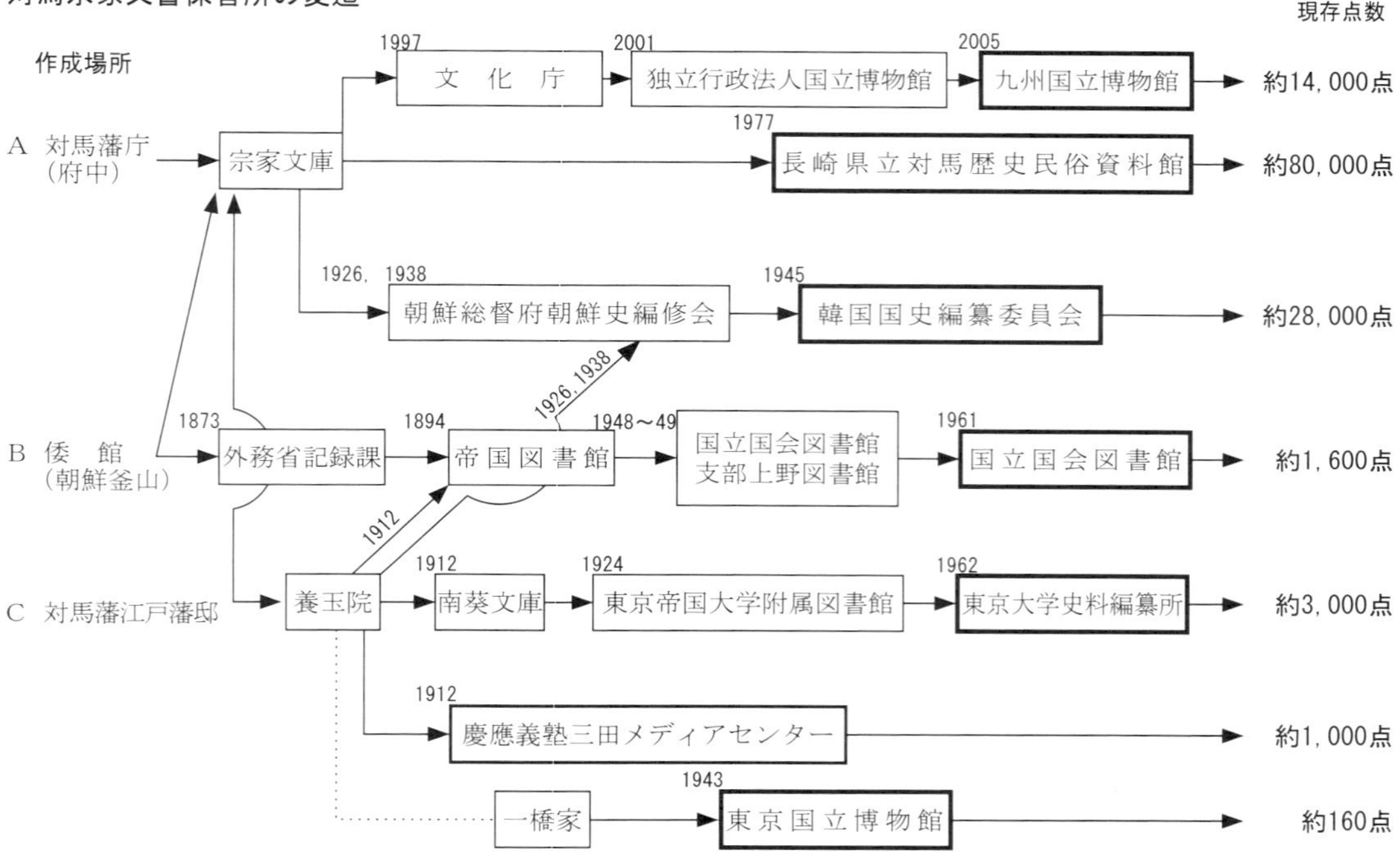
作成場所
現存点数
A 対馬藩庁
（府中）
B 倭 館
（朝鮮釜山）
C 対馬藩江戸藩邸
宗家文庫
1997
文 化 庁
2001
独立行政法人国立博物館
2005
九州国立博物館
約14,000点
1977
長崎県立対馬歴史民俗資料館
約80,000点
1926, 1938
朝鮮総督府朝鮮史編修会
1945
韓国国史編纂委員会
約28,000点
1873
外務省記録課
1894
帝国図書館
1926, 1938
1948～49
国立国会図書館
支部上野図書館
1961
国立国会図書館
約1,600点
1912
養玉院
1912
南葵文庫
1924
東京帝国大学附属図書館
1962
東京大学史料編纂所
約3,000点
1912
慶應義塾三田メディアセンター
約1,000点
一橋家
1943
東京国立博物館
約160点

にあたらなければならず、また大名家として幕府やそのほか諸侯との関係を保つ必要がある。幕府との間には、しばしば政治的駆け引きが求められ、そこにある意味での〝外交戦術〟をもって対応しなければならない。対馬藩のこうした国内での役割が、対馬府中（現厳原《いずはら》）の藩庁や江戸藩邸での記録の作成・保存という形になって現れる。やがて役所別に執務記録である『毎日記』を中心に、倭館記録とともに膨大な記録・文書類が残されることになる。

『宗家文書』の作成・保管がなされた主な場所は、「対馬宗家文書保管所の変遷」に示したように、A対馬藩庁、B倭館、C江戸藩邸の三ヵ所である。場所は異なるが、もともとは対馬藩宗家という一つの機構に属していたものだから、文書じたい互いに出入りがあり、また他所で記録・保存されていたものの控えや写しの類が作成され、別所に置かれたものも多い。ただしこれらが作成された場所の性格上、それぞれの文書群には特徴がみられる。

まずA対馬藩庁の文書類は、領内治世に関するものが大部分を占め、また藩の中枢機関として朝鮮や江戸、その他各地への通達事項や関連記録、各地で記録されたものの写しが多い。またB倭館で記録されたものは、対朝鮮外交や貿易関係記録が多く、C江戸藩邸は対幕府や通信使関係の記録が多くを占める。こうして江戸時代を終えるころには、総点数、一二〇万点以上といわれる膨大な『宗家文書』が、日本国内と倭館に残されることになる。それは大名記録でありながら、「鎖国」時代における異色の国際性に富む、希有な大古文書群の誕生である。

『宗家文書』は、その後様々な経緯をたどって、現在、①九州国立博物館、②長崎県立対馬歴史民俗資料館、③韓国・国史編纂委員会、④国立国会図書館、⑤東京大学史料編纂所、⑥慶應義塾三田メディアセンター、⑦東京国立博物館の、以上七ヵ所に分轄保管されている。かつては移転に伴う諸事情により、当初の半分位に減少した保管所もあるが、それでも総点数一五万点におよぶ膨大な古文書群である。現在の保管先うち、①九州国立博物館、④国立国会図書館、⑥慶應義塾三田メディアセンターの『宗家文書』は、文化庁による調査を終えてそれぞれ国の重要文化財の指定をうけている。最大の蔵書点数を誇る②長崎県立対馬歴史民俗資料館所蔵分は、現在調査の最終段階にはいり、これも重要文化財の指定を受ける日が近い。西の離島で誕生した異色の『宗家文書』は、日本の「宝」としての認定をうけながら、今日まで大切に伝えられている。

第四章 「鎖国」のなかの倭館貿易

一 金持ち大名

新倭館は、三三年間の長期にわたる移転交渉の末、延宝《えんぽう》三年（一六七五）から丸三年の歳月をかけて竣工にいたる。「朝鮮建て」「日本建て」の両様の建物に、日本と朝鮮の大工や人夫が共同で作業にあたり、それも一〇万坪という広大な敷地にこの巨大事業が完成する。かつて「柳川事件」のころ、存続すら危うかった離島の小藩に、いつの間にこれほどのエネルギーが蓄えられたのだろう。

新倭館誕生の原動力は、藩主宗義真《よしざね》を頂点とするブレーンたちの強い政治力、そしてなによりも豊富な資金力にあった。義真は寛永十六年（一六三九）の生まれで、明暦三年（一六五七）父義成《よしなり》の死にともない家督を相続する。母（福）は公家の名家、日野家の出である。一説によれば柳川事件のとき、この母の実家が宗家の勝利を願い、将軍の奥向きにずいぶん働きかけてくれたという。

義真は五三歳になった元禄五年（一六九二）、嫡子の義倫《よしつぐ》へ家督を譲るが、隠居生活を楽しむような性格ではない。義倫が二年後に亡くなり、その弟で藩主となった義方《よしみち》が幼少ということもあって、元禄十五年（一七〇二）六三歳で亡くなるまで政治の実権を握り続けた。男女合わせて二一人の子宝に恵まれ、義方の後の義誠《よしのぶ》、方熙《みちひろ》の代まで、すべて藩主は義真の子供で占められている（『宗氏家譜略』）。その治世四五年間を、義真の法名からとって天龍院《てんりゅういん》時代という。

この天龍院時代、対馬藩はまさに全盛時代にあった。その治績は、新倭館建設にとどまらない。後世、偉業と称えられる藩内の大土木工事は、ほとんどこの時期に集中している。大船越瀬戸《おおふなこしせと》の掘切、桟原《さじきばら》屋敷の造営、城下町府中の建設、お船江《ふなえ》（御用船の係留所）の建設、川や道の普請、宗家の菩提《ぼだい》寺《じ》である対馬萬松院《ばんしょういん》の大改築、江戸養玉院《ようぎょくいん》の創建、日本各地に設定した藩邸など、近世対馬藩の形がいっきに整えられていく。

土木建築のみならず、「人」への投資も惜しまなかった。有能な人材を育成するため、藩外へ長期にわたって留学させることもこの時期からである。対象は武士に限らず、商人や職人なども含め、学問・医術・武芸の修業、唐音や朝鮮語の語学研修、絵画・能・鼓《つづみ》などといった芸術部門にまでおよんでいる。留学先は大坂・京都・江戸・長崎はもちろんのこと、本人が希望すれば倭館までも行くことが許される。

もちろん藩外からも有能な人材が、集められた。著名な儒学者の雨森芳洲《あめのもりほうしゅう》や松浦霞沼《かしょう》は、新井白石とならぶ木下順庵《じゆんあん》門下きっての秀才で、天龍院時代の新規召し抱えである。医師の名門半井《なからい》家からは、菊仙が登用されて対馬の医学振興に貢献する。明治期に海外特派員として活躍し、また樋口一葉の師でも有名な半井桃水《とうすい》の祖である。貞享《じようきよう》元年（一六八四）、初等教育のため対馬府中に「小学校」が開校される。その指南役に大坂の学者塩川政親《まさちか》（谷斎《こくさい》）が招聘《しようへい》され、さらにその三年後中江藤樹《なかえとうじゆ》の三男（常省《じようしよう》）も招かれて学校奉行に就任する。玄海の離島に、いっきに文化の華が開花した感がある。

図４－１　宗義真　萬松院所蔵

それにしても義真は、これだけのことを実行するのに、どこから資金をもってきたのだろう。よくいわれることは、この時期、対馬の地方知行《じかたちぎよう》が改革され、税収があがったという。しかし考えてみれば、対馬藩の知行高は、本国は無高《むだか》。つまり米の収穫はなきに等しく、麦を石高に換算して二〇〇〇石未満。これにかつて徳川家康から拝領した肥前国の飛地嶺を合わせても、一万二〇〇〇石弱にすぎない。大名の家格一覧である『武鑑《ぶかん》』に、対馬宗家の分限《ぶげん》は一万一八三七石で、二万石格とある。こんなレベルでは、いくら税収をあげても、農民が悲鳴をあげるだけで、巨額資金は手もとに残らない。

ところが義真の代、わざわざ『武鑑』の版木屋にかけあって、分限高を「十万石以上格」と改版させている。幕府の正式な判物によるものでなく、あくまでも格式という曖昧な形で老中の内諾を得てのことという。家格が上昇すれば、参勤交代の構えだけでなく、幕府や大名同士のつきあいのレベルまでも変わってくる。放漫財政のもとになると、このやりかたは後に雨森芳洲の非難をあびるが、義真にしてみれば「朝鮮外交をあずかる藩なら、一〇万石クラスの格づけがなければ外聞も悪かろう」というのが理屈である。

幕府に対して、対馬藩の存在を強力にアピールすること。それはなによりも、柳川事件後、意気消沈しがちな対馬の人々の自信を取り戻したいという願いから出たのだろう。願いは現実となり、知行高二万石未満の大名が一〇万石なみの資力を誇り、「金持ち大名」として全国に鳴り響く。それもこれも、やはり対馬藩の場合、朝鮮という国が背後にあってはじめてなし得たことである。

義真が藩主になったころ、先代から引き継いだ財政は、青息吐息であった。私貿易は、まだそれほどの貿易量があがらず、封進《ふうしん》と公貿易に全力を注がなければならなかった。貿易は本来、使船一艘ごとに行われるものであるが、すでに述べたように先代のとき朝鮮側から申し出があって、使船の往来

表4－1　封進・公貿易額

封進			公貿易		
輸出	胡椒	4,400斤	輸出	銅	29,073斤余
	明礬	1,400斤		鑞	15,768斤余
	丹木（蘇木）	5,680斤		丹木	455斤
	日本朱	8斤		黒角（水牛角）	297本
	その他（硯箱・文箱・金屏風など）				
輸入	価木計算	134束	輸入	価木計算	1,000束23疋
価木合計　1,134束23疋					

をまとめる「兼帯《けんたい》の制」により、交易のやりかたが変化した。封進と公貿易の品物を、一年間トータルして公木《こうぼく》（上質の朝鮮木綿）で決済するのである。合計額は、［表4－1］のように公木で一一三四束二三疋（一束＝五〇疋）と算出された。

ところが「兼帯の制」が施行された後、朝鮮で連年のように木綿が不作になった。品質が落ちたところに、日本の上質な国産木綿が出回り、輸入してもたいした利益があがらない。それならばいっそのこと、公木の一部を対馬の人の食料となる米に振りかえてもらおうという案が浮上する。

「公木を米に作《かえ》る」ということで、代品となった米を「公作《こうさく》米《まい》」と呼ぶ。交渉役として佐護《さご》式右衛門（平成扶）が裁判となり、倭館で交渉して慶安四年（一六五一）から向う五年間、公木三〇〇〇束を公作米一万二〇〇〇石に換える約束が成立した。しかし朝鮮の凶作は米にもおよび、約束した五年分の公作米六万石が、全額滞納してしまった。

義真は、就任早々、この先代の残した未収米を回収するとともに、「公作米」の手法をもっと発展させることにした。やはり裁判役として寺田市郎兵衛（橘成般）を倭館へ派遣し、万治《まんじ》三年（一六六〇）、公木四〇〇束を一疋あたり米一二斗の割で、公作米一万六〇〇〇石の取り決めに成功する。期限はこのときも五年間とされたが、年限が切れるころになると更新のための交渉役として、裁判がきまって派遣された。つまり五年ごとの延期を重ねながら、これを永続させてしまったのである。これを「換米《かんまい》の制」という。

ただしここに出てくる「石」というのは、朝鮮の単位であって、日本でいう一石の容量とは異なる。朝鮮では一斗枡《ます》を正平枡《しょうへいます》といい、日本の標準枡である京枡の三分の一くらいの大きさしかない。複雑なことだが、朝鮮では正平枡で一五杯はかったものを一石（斛）とする。この斛枡の形が、日本人の目からみると異様である。口径が真四角でなく、長方形にできていて、四角《すみ》に把手《とって》がついているからだ。

たとえば日本では、枡で米をはかるとき、盛り上がった米は払いのける。払うための棒を「とかき」といい、スリ切り計量が普通である。ところが朝鮮では枡で量るとき、上にこんもり積んで山盛りにする。租税米をはかるとき、山盛りの部分、あるいはムシロの上などに落ちた米（落庭米）は、計量する役人の取り分となる。長方形の大きな一石枡（斛枡）は、上により多くの米を乗せるために考案されている。えらく重くなるため、複数の人で作業をする。両側の把手は、そのためである。

こうした朝鮮風の計量慣習に、倭館の人はどうもなじめない。そこで登場したのが、倭館だけの特殊な桝である。左の〔図〕にみられるように、桝の口径が長方形で、両側に把手がついているなど、外見上は朝鮮の斛桝と変わらない。しかし実際は、朝鮮のものより口径がひとまわり小さい。桝の上に長い「とかき」を当てて、スリ切り計量するためである。口径を小さくした分、少なくなった米を日本の京桝で量って加升していく。両国の慣習の折衷方式がとられているあたり、いかにも文化の交差する倭館ならではのやりかたである。

　計算してみると、朝鮮でいう公作米一万六〇〇〇石は、日本の京桝で八四〇〇石にしかならない。しかし朝鮮では、米を精米（白米）で徴収するから、日本の年貢米と比較できる玄米に直すと一万石弱くらいになる。このほぼ三分の一が、毎年倭館全住民の食料や滞在費となり、残る三分の二が対馬本国へ送られる。米を一定量確保できたことは、対馬藩にとってまるで領地を得たに等しく、この時期に多くの新規召し抱えができたのもうなずける。

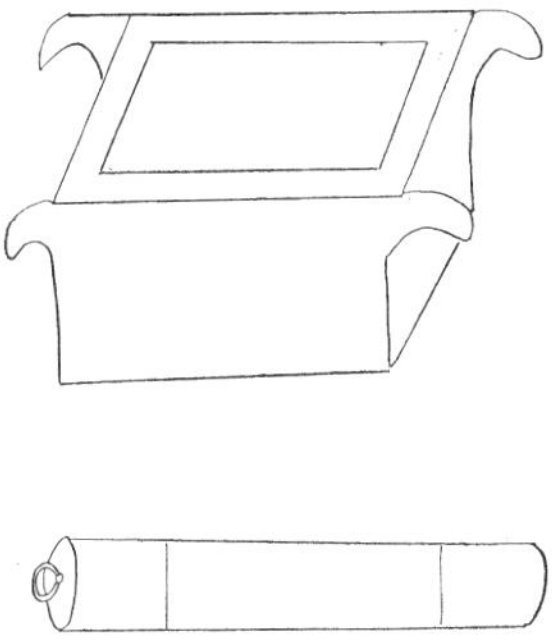

図4-2　倭館桝と斗棒（とかき）『斛一件覚書』（長崎県立対馬歴史民俗資料館所蔵）より作図

　これに勢いを得て、義真は先代義成のやり残した朝鮮貿易の藩営化を完成させる。すでに述べたように、かつて使船には宗家の家臣団や貿易商人たちの利権が錯綜し、渡航権がまるで株のように割りふられていた。柳川事件を境に、この権利が宗家へ返上されたというが、長い間にわたって保持してきた利権意識を変えるのは並大抵なことではない。先代までは古くからの家臣団への遠慮もあって、なかなか徹底できないでいた。

そこを新たに家督を継いだ義真が、改革を断行する。朝鮮貿易は、それを行うこと自体が藩としての職務である。ここで得たものはいったん藩庫へ収めるべきで、渡航者は個々の職分に応じて藩から支給される扶持米《ふちまい》でまかなえというのだ。

対馬藩の儒者雨森《あめのもり》家に伝わる『対馬志』の寛文三年（一六六三）の条に、つぎのような記事がある。

年条及び諸遣送使、五日次《ヲイリ》雑物換米の品、官斂《ヲトリアゲ》となす。これを御雇送使《オヤトイソサ》という。

「五日次雑物」とは、使者の倭館滞在中、食料など個人へ贈られる雑物のことである。五日ごとに支給されるため、朝鮮音がなまって「五日《おいり》の雑物《ぞうもつ》」と呼ばれる。以前は現物で支給されたが、これもほとんどが米に換算して支給されるようになり、使者個人の副収入となっていた。なかばお目こぼしのように残っていたが、この年をもって藩へ収められることになったと記事は告げている。

「御雇送使」を今風にいえば、使者のサラリーマン化ということだろう。「官斂」にわざわざ「おとりあげ」とふりがなをつけているあたりに、特権を剥奪される側のため息まじりの嘆きが伝わってくる。大規模な構造改革には、いつの時代にも痛みがつきまとうようだ。

二　私貿易は花盛り

ふつう「鎖国」が完成し、幕府の管理が強化されると、外国との貿易は細々としたものになってしまうと考えがちである。ところが、朝鮮貿易は違う。

ここにそれを物語る、ひとつのエピソードがある。新倭館が完成した翌年の延宝七年（一六七九）、オランダ商館長ディルク・ド・ハースは江戸へ参府する途中にあった。たまたま大坂を通りかかったところ、対馬藩の人々がものすごい量の生糸・絹織物を商う現場を目撃し、上方情報として長崎出島の商館へあててつぎのような書状を送った（『出島商館日記』訳・岩生成一）。

一六七九年三月十七日（金曜日）大坂にて

例年のように、対馬藩主が朝鮮国から来た中国生糸一四〜一五万斤、即ち一七万五〇〇〇〜一八万七五〇〇ポンド、及び二万七〇〇〇反の縮緬《ちりめん》、綸子《りんず》、紗綾《さや》、その他の絹織物を数日前に大坂に送付したが、南京、広東、福州産と長さが異なる品で、昨日公売に付せられた。その値段は正しくは判らないが、そのようなことは京都で確かめられるであろう。

このころオランダ人は、日中貿易の拠点としていた台湾を失っている。このため出島に入る生糸は東南アジア産の下糸《したいと》類が中心になり、日本の市場、とくに京都西陣の高級絹織物屋が求める中国生糸の輸入は、一七〇五年（宝永二）四一四斤を最後に途絶してしまう。

だから彼らが大坂で目撃した朝鮮経由の「中国生糸一四～一五万斤」「二万七〇〇〇反の縮緬、綸子、紗綾、その他の絹織物」は、まさに驚異的な数値である。それこそ、のどから手が出るような思いで眺めていたに相違ない。それも冒頭に「例年のように」とあり、対馬藩による中国物資の大量取引はこの年に限ったことではなく、かなり前から軌道にのっていたようである。

実は、対馬藩が中国産品を商うことは、幕府のお墨付きである。先代の義成の時期であるが、幕府はキリスト教禁令を徹底化するため、ポルトガル船の来航を禁じた。寛永十六年（一六三九）のことで、これによって日本の貿易相手国は、オランダ、中国、琉球、そして朝鮮の四ヵ国になる。このポルトガル船の来航が禁止されてから数日後、義成は江戸城へ呼ばれ、老中からつぎのように命じられた（『朝鮮渡銀位御願之通往古銀被蒙仰候記録』）。

我が国では、今年から南蛮船《なんばんせん》（ポルトガル船）の来航を禁じることにした。これにより日本国用の諸色《しょしき》（輸入品）が、不足することになろう。朝鮮国は御隣好の国とされている。国用に不自由なきように、薬種・糸（生糸）・反物《たんもの》（絹織物）、そのほかの諸色をこれまで以上に朝鮮国より輸入できるよう、熟望（熱意をもって要請すること）してもらえまいか。

どうやら幕府はポルトガル船の来航を禁止したものの、日本に持ち込まれる外国物資が少なくなるのではないかと恐れていたようだ。時期は前後するが、同様の主旨のことがそのころ平戸に置かれていたオランダ商館へ、それと琉球貿易を行っている薩摩藩へも通達されている。このことからも、「鎖国」は決して貿易の縮小を目的にしたものでないことが分かる。それどころか、幕府は輸入品の国内不足を心配し、残された交易路へ貿易の拡大要請までしていたのである。

いっぽう対馬藩側も、幕府の命令はむしろ歓迎すべきことだった。貿易量を増やすようとくに指定された品目は、すべて私貿易で取引されるものばかりである。「将軍からのご命令である」と前置きしたうえで、ポルトガル船来航禁止の報告、そして私貿易の拡大要請が、義成の名をもってただちに朝鮮国へ通達されたことはいうまでもない。

大義名分を得たものの、あいにく先代のころは、明末清初の動乱の影響により、私貿易はあまり活発にならなかった。義真が藩主に就任して四年目の寛文元年（一六六一）、清国が中国全土を統一する。この後、中国・朝鮮間の交易路が安定し、さらに貿易基地である新倭館が完成したことにより、私貿易が飛躍的に拡大する。

封進や公貿易と違って、私貿易に数量の制限はない。これを合理的に経営すれば、巨額の利益をあげることができる。ポイントは、倭館の開市大庁で儲かりそうな品を多量に仕入れ、これを早く日本国内の販売ルートに乗せること。そのためには、輸入品の相場情報をできるだけ正確につかまなくてはならない。

義真の私貿易の経営改善策は、京都、大坂、江戸など、消費地である大都市を中心に始められる。各地での御用商人の指定、藩邸の新規購入や拡張整備など、国内市場へ流して効率よく儲けるための環境作りがなされていく。とくにこのころ、江戸を中心に朝鮮人参の服用が大流行する。買い手が江戸藩邸に殺到し、混雑を避けるため特別に人参座を設けて、藩が直営することにした。江戸人参座の創設は延宝二年（一六七四）、また生糸や絹織物の販売にあたる京都や大坂の藩邸は、だいたい貞享《じょうきょう》から元禄年代初期ごろ（一六八〇年代）までに入手を完了している。

さらに私貿易の利潤を藩の財政に直結させるため、義真は倭館での参加者を規制することにした。元来私貿易というのは、開市日に倭館にいる者ならば、誰でも参加することができる。そこで対馬の商人たちは、つてを頼って貿易を担当する代官役（町代官）の一員になりたがる。それがだめでも、倭館出入りの商人（請負屋《うけおいや》）の資格をとったり、その使用人だとか、歳遣船の従者だとか、様々な名目をつけて倭館へ渡ろうとする。

私貿易が盛んになるにつれ、こうした一儲けしようとする者が急に増え始める。参加者が多くなると、市場が混雑して密貿易が起きやすくなる。困ったことに、倭館にいる多くの者たちが、さらには倭館へ行けない藩士や町人たちまでもが、町代官に資金を預け、個人貿易を委託することがなかば慣習的になる。これでは、町代官を通じて、私貿易の利潤が個人の懐へ流れてしまう。

私貿易参加者の問題は、朝鮮側にも起こっていた。朝鮮では、はじめ戸曹《こそう》（議政府で財政を担当する部局）か、または各道監司の発行する行状《こうじょう》（通行証）を受ければ、誰でも自由に開市大庁に出入りできた。ところが私貿易がしだいに増大したことから、新倭館が完成した延宝六年（一六七八）には、一日の参加者だけで七〇～八〇人以上にのぼってしまう。

「濫雑之弊《らんざつのへい》」を恐れた所轄官庁は、まもなく私貿易の参加資格者を二〇名（後に三〇名）にしぼり、許可した商人へ戸曹の差帖（任命書）を発給することにした。以来、倭館への出入資格をもつ商人を「東萊商賈《しょうこ》」と称し、略して「萊商《らいしょう》」という。そのいっぽう、対馬藩に対して私貿易への参加者を制限するよう迫った。幾度か対馬藩庁と協議を重ねたうえ、天和《てんな》三年（一六八三）倭館住民の規律の遵守や密貿易禁止などをうたいあげた「癸亥《きがい》約条」を締結させる。

これに呼応するかのように、同じ年、義真は代官とは別に、私貿易の専従役人「商売掛」一〇人を藩内に新しく組織する。これまで代官は二〇人いて、貿易を全般的に監督してきたが、それを半分の一〇人に減らし、封進・公貿易だけを扱わせることにした。これによって、とりあえず代官と個人資本とのつながりが大幅に減る。

創設された商売掛のメンバーを、対馬に伝わる『本州編稔略』でみてみよう。

商賈町人十人御頼なさる方、朝鮮へ梯《かけはし》七郎右衛門、梯源七、吉田次郎兵衛、堀田吉右衛門、堀田弥右衛門、扇《おおぎ》利兵衛、関野《せきの》甚兵衛、大遠《おおとお》弥次兵衛、八木《やぎ》弥三右衛門、橋辺《はしべ》半五郎、刀御免四人扶持四石、三人扶持五石也。

ここに「商賈町人十人」とあるように、商売掛の身分はいずれも商人である。このうち橋辺半(判)五郎は、もと松尾という姓で、十五世紀中ごろから続く由緒ある対馬の貿易特権商人「古《こ》六十人」の家柄である。元来は宗氏の家臣であったが、土地の少ない対馬で所領のかわりに商業上の特権を与えられた商人団が結成された。そのとき人数が六〇人であったことに、名前の由来がある。

また関野甚兵衛の祖父は、伊予松山の出身である。文禄・慶長の役のとき加藤清正陣営に編成され、戦後対馬に居住して柳川氏の配下のもとで朝鮮貿易に従事している。柳川事件後藩主勢力に吸収され、新規に「六十人」商人に召し抱えられる。「古六十人」に対して、関野家のような商人を「新六十人」と呼ぶ。この関野甚兵衛の娘婿が、堀田弥右衛門(新六十人)であるといったように「六十人」商人家は互いに姻戚関係を網の目のように結び、江戸時代を通じて特権性の保持につとめていく。ほかの商売掛のメンバーも、その姓から推してすべて「六十人」商人の一族であることは間違いない。

先ほど述べた町代官をはじめ、私貿易に何らかの形で参加しようと画策する者たちは、実はこうした「六十人」商人が中心だった。それこそ二〇〇年以上にわたり、活動が公認されてきたのである。藩としては、いまさらかれらを朝鮮貿易から遠ざけることはできない。そこでむしろ有力な商人ばかりを集めて商売掛を組織させ、かれらを士分格にとりたて、藩が行う私貿易専従の役人の資格をもたせてしまったのである。「お城の殿様が、商売人のようなことを始められた」（『賀島《かしま》兵介言上書』）などという批判も出たが、義真にとっては藩の財源のほうが重要である。

商売掛は、間もなく「元方役《もとかたやく》」と改名される。輸出入品を収納し、貿易に関する帳簿の管理を主な役目とする。実際の活動は貞享元年（一六八四）に始まり、正徳《しょうとく》元年（一七一一）さらに新たに組織された「別代官」へ引き継がれるまでの二八年間、私貿易を専管した。かれらは義真の期待に応え、私貿易品の調達や販売のため、倭館はもちろんのこと、長崎、京都、大坂、江戸へと飛び回り、金品の収納を明確にして詳細を藩へ報告することを怠らなかった。おかげで元方役の設置されていた全期間、珍しく私貿易帳簿『御商売御利潤并御銀鉄物渡并御代物朝鮮より出高積立之覚書』が完備され、いまその全貌を知ることができる。

つぎに示す［表4-2］は、元方役が活動を開始した年の私貿易取引内容である。まず、輸入のほうからみてみよう。この年、元方役が倭館で買いつけた白糸《しらいと》（上質生糸）は三万斤余である。白糸は、翌貞享二年（一六八五）に七万斤余、同四年に一三万斤弱となることから、これはかなり少ないほう

表4－2　貞享元年（1684）私貿易取引表

輸出				輸入			
品目	数量	代銀	構成比率	品目	数量	代銀	構成比率
		貫　匁	%			貫　匁	%
銀	古代官方現銀残	138 000	4	上・中・下　白糸	30,396斤	709 229 余	50
慶長銀	丁　銀	1,937 925	66	縮　緬	6,295反	195 140	13
				紋　無	888反	26 640	1
鑞	44,689斤	236 851余	8	小飛紗綾	6,388反	159 700	11
銅（洗銅）	152,214斤余	258 764余	8	大・中綸子	313反	14 085	1
棹・延銅	17,535斤	43 144余	1	鼠切磚さや	53反	212	0
鍮　鉐	26,293斤余	78 290余	2	兎 羅 面	9反	225	0
釷　鉼	96斤	430余	0				
狐　皮	6,860斤	96 040	3	上・並人参	877斤	274 913 余	19
狸　皮	8,638枚	69 104	2	小 人 参	12斤	1 200	0
鞟　皮	460枚	14 420	0	尾 人 参	408斤余	24 530	1
猠　皮	2,450枚	8 575	0				
刻多葉粉	1,000箱入9櫃	2 250	0				
丹　木	6,900斤	8 625	0				
胡　椒	3,780斤	9 450	0				
黄　連	261斤	10 962	0				
銀山煙器	27,307挺	4 369余	0				
五花糖	200斤	616	0				
白砂糖	232斤	505余	0				
孔雀尾	5尾	175	0				
壱番皮籠	5荷	560	0				
象牙真針	2つ	49	0				
目がね	8つ	280	0				

銀合計　2,075貫925匁　① 銀以外の代物代銀計 843 448余（計算では843貫435匁） 四割潰　602 463余（計算では602貫453匁）②	
輸出額合計　（①+②）2,678貫 388匁余　③	輸入額合計　1,405貫874匁余　④
差引　輸出額合計　2,678貫 388匁余　③ 内　輸入額合計　1,405　874　余　④ 内　代官渡帳　710　932 内　合力銀渡帳　6　736	利潤 1,065貫270目　元方役計上利潤 （朱書）3,559貫423匁余 正徳2年～5年京都相場平均値より算出
残（売掛）　554貫 844匁余	

コンマ以下切捨。輸出の構成比率は、銀および代物代銀の総計（2,075貫 925匁＋843貫 435匁＝2,919貫 360匁）を100とする。

だ。ただし輸入額全体の割合でみると五〇％となり、これに絹織物を加えると中国産品が八〇％を占めている。残り二〇％は朝鮮人参であるから、元方役は日本に持ち込んで最ももうかる三品目だけにネライを定めて輸入していたことが分かる。

輸出のほうは、品目数が多い。鉱産物（銀・銅・鑞《ろう》など）、皮類（狐・狸など）、東南アジア産品（丹木・胡椒・砂糖類）、たばこ、煙器（きせる）、かご、象牙製の針、めがねなど実に多彩だ。またこの年の取引にはないが、翌年から東南アジア産の水牛角（朝鮮では黒角）が、年間平均一八〇〇本余も輸出されている。品目の種類は多いが、貿易額全体の比率でみると輸出のほとんどが鉱産物で、とりわけ銀が単品で六六％を占めている。この銀というのは、日本国内に流通していた銀貨幣（慶長丁銀《ちょうぎん》）そのものである。

さらに注目すべきは、輸出入品目の下で計上されている「利潤」である。二種類の数字が出されているが、下のほうの（朱書）は後年の京都相場で計算された参考数字であるため、考察の対象とはならない。重要なのは上の「元方役計上利潤」のほうで、これは元方役があげた私貿易の収益銀として、実際に藩へ上納された銀額である。その額は実に一〇六五貫二七〇目、金に換算すると約二万一三〇〇両にもなる。この計上利潤は、元禄三年（一六九〇）には二五三九貫一九〇目（金で五万七〇〇〇両）、翌四年（一六九一）には三五七七貫四〇〇目（金で七万両余）と、これも上昇する傾向にある。義真が元方役に託した私貿易は、まさに花盛りの時期を迎えていた。

三　三都物語――京都・漢城（ソウル）・北京

いまからは想像もつかないことだが、江戸時代の初めのころまでの日本は、鉱産資源の豊かな国として知られていた。とりわけ銀は、東アジア最大の産出量をほこり、このことが銀本位国である中国との交易関係を深めていた。この豊富な、かつ良質な銀産に支えられて、江戸幕府が初めて鋳造した銀貨（慶長丁銀）は、純度が八〇％もある高品位の通貨である。

安定した品位に支えられ、慶長銀は朝鮮貿易のみならず、他の交易路でも輸出の主力であった。後に儒学者の新井白石が見積ったところによると、慶長銀の全鋳造高（一二〇万貫目、一貫目＝三・七五キログラム）のうち、国内で通貨として流通したのはわずか一割ほど、つまり九割近くが国外へ持ち出されたというから、ものすごい量である。それは通貨というよりも、国際商品というにふさわしい。

慶長銀を最も多く輸出したのは、はじめのうちは長崎港で行われていた中国貿易である。ところが元方役が私貿易経営にあたったころには、逆転して朝鮮貿易が最大の輸出口になっていた。隆盛をきわめた銀産が、十七世紀に入るころから低下に転じ、これによって幕府が長崎からの銀の輸出を制限するようになったためである。

まず寛文八年（一六六八）、オランダ船による銀の持ち渡りが禁止される。さらに貞享二年（一六八五）、年間の貿易総額を決めた御定高仕法《ごじょうだかしほう》が施行され、中国船は六〇〇〇貫目、オランダ船は金三万両（銀に換算して三〇〇〇貫目）の枠内で交易を行うよう指示される。これにより、中国船による丁銀輸出高は、貞享二年（一六八五）～元禄十年（一六九七）、年間平均三〇〇〇貫目余となる。さらに宝永《ほうえい》五年（一七〇八）からは一六〇貫目と激減し、やがて輸出の主力は銅へ切り換えられていく。

御定高仕法は、対馬藩にも適用された。貞享三年（一六八六）、朝鮮貿易の総額は年間一〇八〇貫目とされ、これと同じ年、薩摩藩の琉球貿易も一二〇貫目とされる。初めのころ、この数字は「貿易総額」を意味していた。ところが、対馬藩に設定された一〇八〇貫目の数字は、いつのまにか丁銀そのものの「現銀」枠にすりかえられてしまう。

対馬藩と同じ年、一二〇貫目という低い貿易総額を押しつけられた薩摩藩が幕府に抗議し、琉球へ向う船数に応じて八〇四貫目と四〇二貫目を隔年に（年間平均すると六〇三貫目）、それも現銀の輸出額とされたことに便乗したものだ。義真は後の元禄十三年（一七〇〇）、貨幣改鋳による貿易の目減りを理由に、幕府にかけあって一八〇〇貫目に増額してもらうが、このときも現銀枠として扱われている。

しかもこの数字は、あくまでも幕府と対馬藩との間の取り決めにすぎない。長崎貿易と違って、幕府の役人は倭館へ出向いて銀の取引量をチェックすることはできない。だから幕府の法令が出たからといって、貿易の現場でそれが守られていたかどうかは別問題である。はたして元方役が就任していた全期間、倭館での丁銀輸出高はどうだったのだろうか。

表４－３　丁銀輸出高

年　代 (1681～1710)	丁銀輸出高[1]	純銀高[2]	構成比率
	貫　　匁	貫　　匁	%
貞享元年	1,937 925	1,550 034	66
2	2,007 250	1,605 800	64
3	2,887 345	2,309 876	69
4	2,044 121	1,635 296	59
元禄元年	2,487 226	1,989 780	63
2	1,994 748	1,595 798	50
3	2,231 139	1,784 911	47
4	2,730 603	2,184 482	47
5	2,437 241	1,949 792	52
6	2,274 246	1,819 396	41
7	2,579 049	2,063 239	46
8	2,449 373	1,959 498	47
9	2,439 997	1,951 997	49
10	2,404 954	1,661 403	40
11	1,400 000	896 000	53
12	1,980 000	1,267 200	68
13	1,565 000	1,001 600	98
14	2,730 000	1,747 200	64
15	1,806 960	1,156 454	64
16	730 000	167 200	59
宝永元年	1,350 000	864 000	70
2	1,077 500	689 600	44
3	1,300 000	832 000	67
4	971 900	622 016	63
5	980 000	627 200	62
6	940 000	601 600	58
7	620 000	396 800	48
総　計	50,356貫577匁	37,230貫178匁	—
年平均	1,865 058	1,378 906	55

註1）　貞享元年～元禄10年は慶長銀、元禄10年～宝永7年は元禄銀で輸出。但し、元禄10年の内訳は、慶長銀763貫954匁、元禄銀1,641貫目であるから、慶長銀総額31,264貫217匁、元禄銀総額19,092貫360目

2）　慶長銀純度80％、元禄銀純度64％より算出

［表４―３］にみられるように、丁銀輸出高は元方役の活動開始年度からほぼ二〇〇〇貫目の水準に達している。設置から二年たった貞享三年（一六八六）、一〇八〇貫目の枠が設定されるが、輸出額はまったく衰える気配がない。こうした高い水準の銀輸出は、貞享元年（一六八四）～元禄十年（一六九七）まで続く。この期間の年間平均（二三四九貫目）は、同じ時期の中国船の年間平均（三〇〇貫目余）の七倍以上になる。

このことからも、義真は幕府の指示をまったく無視していたことが分かる。逆に輸出が減るのは、元禄十三年(一七〇〇)、枠が一八〇〇貫目に増加された前後である。あとで詳しく触れるが、幕府の貨幣改鋳により、国内での丁銀が調達難におちいり、倭館市場が混乱したためである。このようにみると、朝鮮への銀輸出量は、国内での丁銀調達の好・不調、それと倭館における貿易現場の盛衰にかかっていたことが分かる。

では私貿易の現場は、どのようになっていたのだろうか。まず私貿易は、日本からの銀の前渡しが原則である。元方役は、それに見合うべき商品(輸入品)を、数ヵ月後に朝鮮商人から納入してもらう。こうした代価の前渡しを、倭館では「被執《ひしつ》」という。求めるものが貴重であるほど、当然とされる商取引である。絹織物や人参などは、一部を銀以外のもの(たとえば銅や公木など)で補うこともあったが、白糸だけはすべて現銀でなければならない。

私貿易で珍重される白糸や絹織物は、日本の丁銀と引き換えに、中国から輸入したものである。朝鮮は、中国を中心とする伝統的な冊封《さくほう》体制のもと、毎年、定例および臨時の朝貢使節団(燕行使《えんこうし》)を派遣していた。これら使節の動きにあわせて、国境(おもに義州)に貿易商人が集まる。あるいは北京滞在中に、使節員の持ち込んだ物資が交易される。使節員は一定の範囲内で私貿易を行うことを公認されており、その参加権や貿易の利権をめぐって、燕商《えんしょう》(北京貿易を専業とする漢城や開城府などの商人)や湾商《わんしょう》(義州商人)たちが熾烈な競争を展開し、その結果、密貿易が横行する。

こうした公認の私貿易、あるいは密貿易を通じて、最も多く中国へ持ち込まれたのが日本の丁銀である。朝鮮では、日本の銀を単に「倭銀」という。また丁銀の形が犬の舌に似ていることから「犬舌銀《ケソウン》」ともいい、同じ音の字をあてて「介西銀」とも書く（『萬機要覧』財用篇）。ともかく丁銀の大部分は、朝鮮国内で溶解されずに、そのままの形で白糸や絹織物の代価として中国へ再輸出されていく。

元方役が設置されたころ、朝鮮・中国間で銀が大量に動く時期が年二回あった。定期的な使節団、「暦咨《れきし》行《こう》」と「冬至使」が派遣されるときである。暦咨行というのは、中国の暦を受け取りにいく使節である。八月に朝鮮の国都である漢城（ソウル）を出発し、北京に滞在したのち十一月に帰国する。冬至使は、暦咨行よりも規模が大きい。十一月に北京へ向かい、新年の挨拶など定例の儀式をこなして翌年の四月に帰国する。

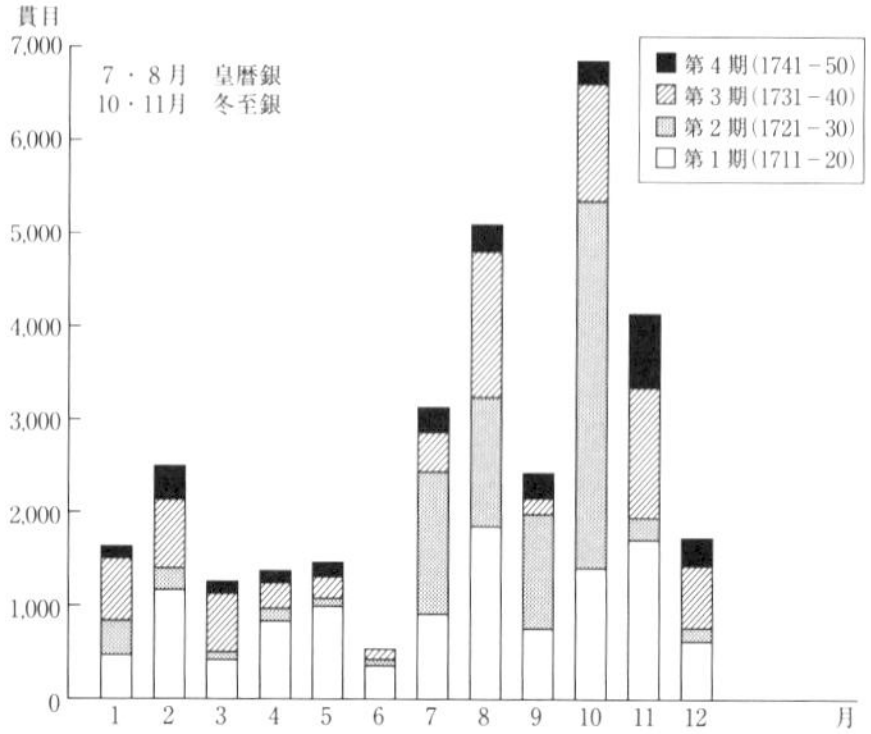

出典：宗家記録『館守毎日記』(国立国会図書館所蔵)　筆者作成

図4－3　丁銀輸送高の季節変動

これと関連して、倭館へ送られる銀の動きに、実におもしろい現象がみられる。対馬藩は、倭館への銀輸送にとくに「お銀船」という専用の小船を使う。この「お銀船」の動きが、月によってかなりのバラツキがある。後年のものであるが、［図4―3］は丁銀の輸送量を、倭館へ到着した月ごとにみたものである。多い時期は、七月から八月にかけて、それと十月から十一月にかけて、この四ヵ月間に、一年間の総輸送量の六〇％以上が集中している。

　対馬藩では、七・八月に運ぶ銀を「皇暦《こうれき》銀」、十・十一月に運ぶ銀を「冬至銀」と呼ぶ。ほかの時期の銀輸送と、区別するためである。つまり「暦咨行」用と「冬至使」用に、それぞれの出発月にあわせて倭館へ銀を送り込んでいたのである。「お銀船」にみられる銀輸送の季節変動は、倭館貿易の先に、漢城（ソウル）・北京へとつながる。「銀の路《みち》」の存在を浮かび上がらせている。

　この「銀の路」の日本側の出発点は、対馬藩が銀調達の本拠地としていた京都である。その繁華街、三条河原町通りに、現

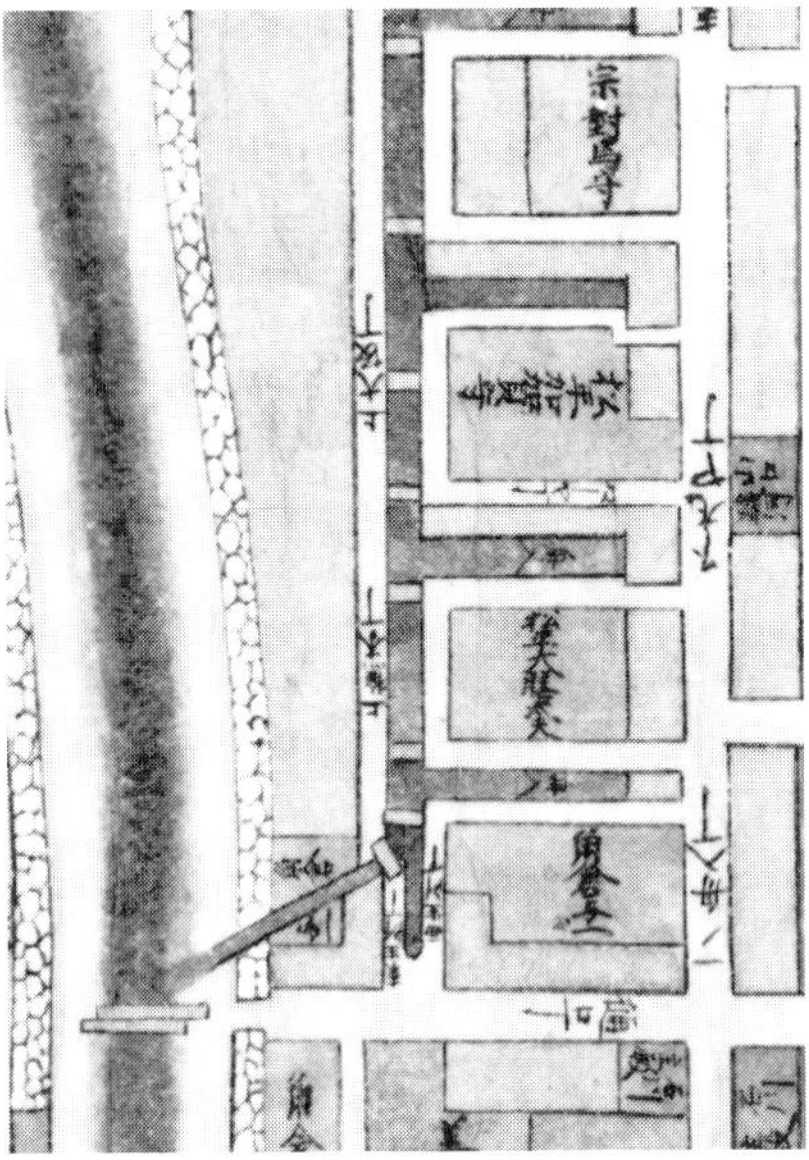

図4-4　京都藩邸の位置　下が北になっている。『京師大絵図』（部分）慶應義塾大学文学部古文書室所蔵

在、カソリック教会とホテルが建っている。この敷地が、かつての対馬藩邸である。北隣は加賀藩邸、さらに一軒おいた隣に、高瀬川の開さくで知られる豪商角倉与一《すみのくらよいち》の屋敷がある。私貿易が盛んになり出したころ、義真の命で、名義人に深江屋《ふかえや》という両替商をたてて、角倉家から購入したものだ。

藩邸の前に高瀬川の舟入りが延びていて、蔵屋敷としては一等地である。ここから箱づみされた丁銀が、伏見・大坂、さらに瀬戸内海を経て下関・壱岐《いき》・対馬へと運ばれる。対馬でいったん荷改めをしてから、「お銀船」が倭館へ運ぶ。京都から倭館まで、ほぼ半月、長くても一ヵ月足らずで到着する。

「銀の路」の起点、京都も、朝鮮・中国間の使節の動きと無縁ではない。天和元年（一六八一）、京都藩邸をあずかる代官は、対馬国元《くにもと》から丁銀輸送に関して、つぎのような指示を受けていた（『御壁書控』）。

一、人参代ならびに不時の使者の御銀千貫目、二月中御国元へ参着のこと。
一、皇暦の御銀七百貫目、六月中御国元へ参着のこと。
一、冬至の御銀千五百貫目、八月中御国元へ参着のこと。

これによると京都藩邸では、皇暦銀を六月まで、冬至銀を八月まで、そのほか（人参代銀など）を二月までに、対馬へ到着するよう義務づけられている。丁銀輸送の季節変動もまた、京都を起点にしている。

こうしてみると京都・漢城（ソウル）・北京にまたがる「銀の路」は、朝鮮から中国への使節派遣月にあわせて、年二回の動きがあったことが分かる。「暦咨行」がもたらす「皇暦銀」は六月から八月にかけて、「冬至使」がもたらす「冬至銀」は八月から十一月にかけて、日本・朝鮮・中国のそれぞれの都を移動するのである。

	京都→対馬	対馬→倭館（朝鮮）	朝鮮→中国
皇暦銀	六月中	七～八月	八月以降
冬至銀	八月中	十～十一月	十一月以降

「銀の路」の帰路は、そのまま「絹の路」になる。朝鮮使節が中国で入手した白糸や絹織物は、十一月帰国した暦咨行であれば、倭館へ翌年の二～三月、また四月帰国した冬至使であれば、倭館へ六～七月に、つまり使節団の朝鮮帰国後二～四ヵ月して倭館市場へ運ばれる。こうしてかつての「銀の路」を逆流して、白糸・絹織物は日本最大の絹織物産業地帯である京都へもたらされる。つまり京都は、「銀の路」の出発地であるとともに、「絹の路」の終着地でもある。

京都西陣には、数多くの高機織屋《たかはたおりや》が軒をならべる。ここで織られる高級絹織物の原料糸は、真っ白で光沢のある、しかも節のないまっすぐな白糸である。日本は、幕末になって生糸の輸出国で知られるが、十八世紀中ごろまで、国産生糸（和糸）は技術的な面で中国産白糸におよばなかった。頼りにしていた長崎からの輸入は、幕府による丁銀輸出抑制の影響をうけて減少し、十七世紀末の京都の織屋はかなりの糸不足状態にあった。

不振にあえいでいたこの業界にとって、対馬藩のもたらす白糸は貴重な存在だった。これに最も注目したのが、京都大宮通り（通称、糸屋町《いとやまち》）一帯に店をかまえ、西陣へ生糸を供給してきた分糸屋《わけいとや》の仲間たちである。かれらはいつのころからか、対馬藩京都藩邸と、白糸の購入についての特殊な契約を結ぶ。

二〇名ほどの分糸屋が、「糸屋町銀主《ぎんぬし》」という共同名義で、朝鮮貿易に資金を提供する。これを「糸代先納銀《せんのうぎん》」といい、先に現銀を提供して、白糸が京都へ届いた時点で現物で返納してもらう。こうすれば、分糸屋は品薄状態にあった白糸を、確実にかつ優先的に確保できるのである。倭館での銀先払方式「被執」は、すでに「銀の路」の出発地、京都から始まっていたことになる。

宝永・正徳期（一七〇〇年代初頭）ごろになると、京都に本店をかまえる三井家《みつい》（越後屋）が、対馬藩のもたらす中国産品に興味を示し出す。三井は、長崎貿易への資金投入で知られるが、朝鮮貿易への参入はこれが初めてである。それも表面に出ることなく、対馬藩から「直買《じき》い」して通常よりも安く購入する方法をとっている。

三井は、その独自の商法である「現金掛《か》け値《ね》なし」により、低い価格で消費者の人気を博す。だがいっぽうで原材料を直接仕入れることから、問屋・仲買商あるいは同業者からも反発を招くことが多かった。そこで朝鮮貿易への資金参入にあたり、トラブルを回避するため、目をつけたのが深江屋という商人である。深江屋は対馬藩の京都藩邸の名義人であり、また両替商として丁銀調達に深くかかわっている。ここが資金難におちいったことから、三井は巨額の融資をして深江屋を丸抱えし、一種のダミー商社としてもっぱら対馬経由の絹織物買いを開始したものである。

「糸屋町銀主」の存在、そして豪商三井による資金投資は、十八世紀になっても衰えることのない、対馬・朝鮮経由の「銀の路」「絹の路」の健在ぶりを物語っている。

四　人参代往古銀の特命

天龍院こと、藩主宗義真の財政改革は、私貿易の経営合理化によって大きな実績をあげた。幕府が貿易の制限枠を設けても、それを骨抜きにしてしまう大胆さと、日本・朝鮮・中国・東南アジアにまたがる東アジア交易路をみすえた遠大な構想が、功を奏したといえる。しかしながらこの時期、すべてのことが順風満帆に進んだかというとそうではなかった。実は、元方役創設から一二年目にあたる元禄八年（一六九五）、とんでもない事態が起こっていた。この年、幕府が貨幣改鋳を行い、通用銀の品位を切り下げたのである。

すでにみたように、日本の丁銀はそのままの形で朝鮮から中国へ持ち込まれる。この品位をみきわめる手がかりは、銀座（銀貨の鋳造所）の役人が銀の表面に打ちこんだ極印《こくいん》である。慶長銀の極印は、銀座の長官である大黒常是《じょうぜ》の「常是」の印、「大黒天像」、それと「寳《たから》」の文字である。これは徳川氏が政権を握って以来、一〇〇年近くもの長い間一度も変わらなかった。銀の純度八〇％という高い品位は、国際的な信頼を得て「銀の路」を大手をふって通用してきた。

その慶長銀が、改鋳された。理由はいろいろである。使用期間が長いため通貨が古くなった。経済の上昇により国内で大量の通貨を必要とした。日本国内の金銀の産出量が激減した等々……。ともかく五代将軍綱吉の時代になって、幕府は新しい貨幣の鋳造にふみきった。こうして発行されたのが、元禄銀である。慶長銀と区別するために、「元」という極印が打たれている。その品位は六四％、つまり悪鋳である。

そのころ元禄銀の品位は公表されていなかったが、対馬藩はいつの間にかこの新銀の純度を正確に探り出し、慶長銀と比べてかなりの悪鋳であることをつかんでいた。私貿易は、丁銀の輸出を基軸に動いている。いま何の前ぶれもなく、この価値の下落した元禄銀を貿易にまわせば、北京へ通じる交易路は大混乱におちいるだろう。

そこでしばらくの間、朝鮮へは改鋳のことを伏せることにした。ただし、それも二年間が限界だった。「悪貨は良貨を駆逐する」との法則通り、しだいに慶長銀が流通界から姿を消していったのである。もはや改鋳のことを朝鮮側に打ち明け、悪貨である元禄銀の輸出を認めてもらうほかない。

義真は、この交渉のすべてを元方役に一任することにした。宗家文書『元字《げんじ》標銀《ひょうぎん》記録』によると、抜擢されたのは元方役創設時のメンバーである橋辺《はしべ》判五郎と関野《せきの》甚兵衛である。このころ橋辺は現役から引退して久しく、また関野は病気療養中という身であった。しかし朝鮮商人からの人望が厚く、取引の手腕にかけても余人をもってかえがたいということで、倭館行きが決定された。

元禄十年（一六九七）四月、橋辺と関野は開市のため倭館へ入ってきた人々を一堂に集めた。はじめに説得すべき相手は、私貿易に直接かかわる通訳官（訓導・別差）と商人行首《こうしゅ》である。商人行首とは、出入りの東萊商人（このころ三〇名）を五人一組にした組頭のことである。配下の商人を統率し、

図4－5　慶長丁銀（上）と元禄丁銀　日本銀行貨幣博物館所蔵

さらに税の徴収や密貿易の防止にもあたる。かれらに日本で貨幣の吹き改めが行われたこと、以後は新銀をもって交易したいことなどを告げ、さらにつぎのように述べた。

これ以後は元字標《げんじひょう》（元禄銀）のほか、別に通貨はありません。ここ倭館へお渡しになる銀は、唐（中国）へ適用いたしますので、古銀（慶長銀）を手本にして、新銀の両目（純度）と間違いないようにいたします。

これは慶長銀と比べて、元禄銀の純銀不足分を補塡して渡すという意味である。純銀の含有量が同じになれば、朝鮮側に迷惑をかけないですむ。さすが、実直とうたわれた橋辺と関野のこと。姑息《こそく》な手段をとらずに、今回の改鋳が悪鋳であることを正直に打ち明けている。

では、どのくらい補塡するのか。新銀の純度を予め知らされていた両名は、慶長銀に対して元禄銀が二割五分の加給（80÷64=1.25）、つまり今までの慶長銀一〇〇貫目について元禄銀一二五貫目であれば問題ないと予測していた。しかし補塡額を決めるために、見本用に渡しておいた元禄銀の銀・銅吹き分けが都で行われ、はじき出された数字を見て驚いた。

馴染みの朝鮮商人、金内禁《キムネグム》からもたらされた情報によれば、はじめ元禄銀は一貫目について六〇七～六〇八匁の銀しか抽出できなかったという。なんと元禄銀の品位は、六〇％だというのだ。その後さらに吹き分けを繰り返し、最近になってようやく六三〇匁までこぎつけたが、これでは銀の端に黒みがかる（不純物が混じっている）ため、六二〇匁をもって北京への通用としたいとのことであった。これだと元禄銀は六二％とされ、慶長銀一〇〇貫目につき元禄銀一二九貫目（80÷62≒1.29）が要求されるという。

この数字に、橋辺と関野は愕然とした。「朝鮮の銀匠は下手だ」「火力のあがらない薪を使っているのだろう」「都で精錬をやっていては、埒《らち》があかない。我々が技術指導するから、倭館近辺で吹き分けて欲しい」。『元字標銀記録』に、こんな言葉が散見する。ともかく、何とか時間をかけて繰り返し吹き分け作業をやってもらい、徐々にではあるが抽出される銀量の増えるのを待つ以外になかった。

やがて元禄十一年（一六九八）五月になり、東萊《トンネ》府で古銀（慶長銀）・新銀（元禄銀）の同時吹き分けが実施され、古銀一貫目につき八〇〇匁、新銀六三〇匁、つまり二割七分加給という結果が出た。本来の二割五分加給より二分ほどの損失であったが、橋辺と関野はこれ以上交渉を長引かせれば私貿易はさらなる混乱を引き起こすだろうと考え、藩当局の許可を得てこの線で妥結することにした。そこで具体的な銀の加給数を明記した証文が、対馬藩勘定所と訳官・商人らとの間で交換され、とりあえず倭館の関係者の間では落着した。

しかし、この騒ぎはまだ続く。朝鮮の都には、中国貿易との関係で日本銀にかかわる者たちが大勢いる。彼らの間で、今回のことがそもそも対馬の「奸計」ではないかという噂が飛びかっていたのである。このため朝鮮政府は、事態を鎮静化するため、藩主義真の書契《しょけい》（公文書）を渡さなければ元禄銀の通用はまかりならないとの意向を示してきた。

外交問題ではなく、私貿易のことで書契を提出した前例はない。しかし藩の面目にこだわれば、軌道にのっている私貿易は間違いなく挫折する。いたしかたなく義真は、元禄銀を以後の交易銀としたい、といった内容の東萊・釜山両令公あての書契を提出することにした。元禄十二年（一六九九）十二月、これに対する東萊府使からの回答書が対馬へよせられ、ようやく翌年から元禄銀が交易銀として正式に認知される。

正規のものより多めにプレミアムをつけ、藩主の書契まで提出したが、倭館での元禄銀の評判はいまひとつだった。開市の日、しばしば朝鮮商人が受け取りを拒否する行動に出る。やむをえず、本来は交換を禁止されているはずの慶長銀をいくらか混ぜて、新銀を受け取ってもらう有様である。しかしそれもしだいに改善され、一時、落ち込んだ私貿易も回復のきざしがみられるようになった。元禄十五年（一七〇二）、まるで元禄銀問題の決着を見届けたかのように、義真が六三歳の生涯をとじる。藩主としての指導力をフルに発揮し、対馬藩を金持ち大名に仕立てあげた中興の祖、天龍院時代の終わりである。

ところが、このあと交易銀問題はさらに複雑な展開をみせる。義真没後四年目にあたる宝永三年（一七〇六）、幕府は再び銀貨の悪鋳を行う。今回の品位は、五〇％である。はじめ宝永銀と呼ばれていたが、丁銀の上と下に二つの「宝」という文字の極印が打たれていたことから、「二《ふた》ッ宝《ほう》銀」ともいう。交易銀交渉の再燃かとおもいきや、今度はそう簡単ではなかった。鋳造から二年して、ようやく東莱府で吹き分けが行われたが、朝鮮側の回答は「まったく銀を抽出できず、歩合は決められない」というそっけないものである。

貨幣の質を落として増鋳すると、幕府の懐に一時的だが莫大な利益金（出目《でめ》）がころがりこむ。その旨味《うまみ》に耐えかねて、貨幣改悪はさらにエスカレートしていく。宝永七年（一七一〇）三月に永字《えいじ》銀（純度四〇％）、この一ヵ月後の四月に三ッ宝銀（純度三二％）、さらに翌年の正徳元年（一七一一）、四ッ宝銀（純度二〇％）が次々に発行される。最後の四ッ宝銀などは、一枚の銀貨に銀二〇％・銅八〇％というひどさで、これを銀貨と呼ぶのもおこがましい限りである。

義真亡き後、対馬の藩政は家老たちが互いに意見を出しあう合議制になっていた。かれらは、このように貨幣改悪が繰り返される現状をみて、もはや日本の通用銀に見切りをつけるときであることを悟る。そこで交渉相手を、朝鮮ではなく悪鋳を続ける幕府のほうへ切り換えることにした。幕閣に朝鮮貿易の窮状を訴え、朝鮮側が受け取ってくれるような良質な銀の提供を願おうというのだ。

かれらの唯一の頼みの綱は、貿易で経済を維持しながら、朝鮮通信使の来日など国家的な行事をこなす対馬藩に対し、幕府がどちらかというと特別扱いしてくれることである。亡き義真が、かなり強引なやりかたで、そのことを証明してくれた。近年の貨幣改悪が、いかに貿易へ悪影響をおよぼしているか、藩財政の苦境を訴えて幕府の温情にすがり、朝鮮貿易用の良質銀の特命を勝ち取ろうという算段である。そこで家老の杉村三郎左衛門が江戸へおもむき、朝鮮担当の老中土屋政直《まさなお》、それと勘定方の荻原重秀《おぎわらしげひで》を相手に交渉を始めた。

このうちとくに荻原重秀は、元禄・宝永期の貨幣改鋳で中心的役割を果たしている。ほかに長崎に銅座（輸出銅を確保する）や貿易会所を設置するなど、綱吉政権の財政を一手に握る重要人物である。まもなく三郎左衛門は、交渉相手を荻原重秀ひとりにしぼり、自宅へ日参して藩の窮状を訴えるようになる。そのたびに朝鮮渡来の珍品、とりわけ極上の朝鮮人参を持参することを忘れない。これは、単に「鼻薬をきかせる」という意味ではない。三郎左衛門の弁明をよく聞けば、今回の交渉の主役は、実は人参であったからである。杉村三郎左衛門の主張は、こうである。「ここ数年間、対馬藩の努力にもかかわらず、朝鮮で良質な人参の確保ができなくなり、しかも値段があがってしまいました。このため江戸の人参座での値上がりがひどく、庶民がえらい難儀をしております」。さらに、続ける。「人参は、大切な人命をあずかる薬種です。銀は、その貴重な人参を確保するため、欠かすことができません」。（『朝鮮渡銀位御願之通往古銀被蒙仰候記録』）。つまり対馬藩からの銀輸出は、他の交易路と異なり、人命をあずかる人参を確保するためであり、医薬行政の側面からいって特別扱いされてしかるべきだというのである。

この論法にしたがえば、倭館で輸出された銀は、ほとんどが人参の輸入にあてられていたことになる。しかしこれまでみてきたように、実際には輸出銀のほとんどが、白糸や絹織物といった中国物資の輸入にあてられている。また小売価格暴騰の原因とされる輸入原価の値上がりも、元方役の帳簿でみる限り事実とは異なる。幕府の役人が倭館の取引現場に立ち会えないことを見越して、人参の値上がりの原因を、すべて銀の品位のせいにし、解決のために良質銀を交付してもらおうという算段である。

後で述べるように、そのころ江戸の市中は大変な人参ブームにわいていた。対馬藩直営の人参座へ買手が殺到し、病人の服用だけでなく、投機の対象にさえなっている。小売値段は一応定額制をとっていたが、元禄十三年（一七〇〇）などは人参一斤が六八〇匁（一一両余）→八四〇匁→一貫〇八〇匁と何度も改定され、宝永四年（一七〇七）には一貫四四〇匁（二四両）まで騰貴している。しかし、いくら高くしても売れる。まさに売り手市場の、おいしい商売である。

宝永七年（一七一〇）九月二十七日、ついに対馬藩待望の許可が出た。杉村三郎左衛門あてに書かれた老中土屋政直の奉書につぎのようにある（『通航一覧』）。

朝鮮人参を整える代銀について。人参を滞りなく世間へ多く出すために、古銀《こぎん》の位で代銀を渡す。まず二～三年も様子を見合わせ、いよいよ人参滞りなく渡っているか様子を見合わせ、その節は委細、荻原近江守《おうみのかみ》へ相談されるように。

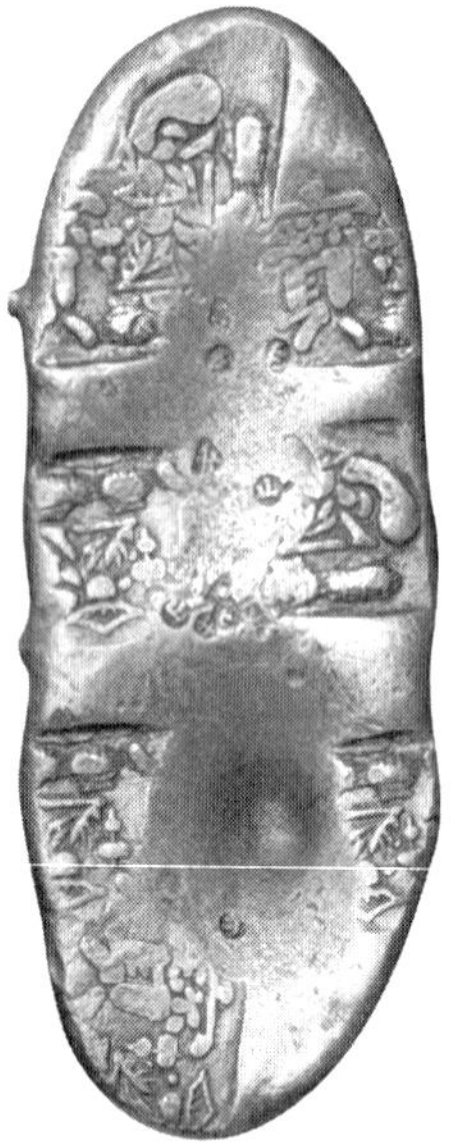

図4－6　人参代往古銀　日本銀行貨幣博物館所蔵

「古銀の位」とは、慶長銀（八〇%）と同位であるという意味である。「人参を滞りなく世間へ多く出すため」とあって、三郎左衛門のねらい通り、これが人参対策の特例として許可されたことを示している。

荻原重秀へも、老中の奉書が出た。そこには右と同じ内容の文面に、「公義の御失墜《ごしっつい》ではあるが、古銀の位で代銀を渡す」という文言がつけ加えられている。良質な貿易銀と、悪質な通用銀を、一対一の同額で引き換えるという意味である。そのころ三ッ宝銀（純度三二%）が通用しており、貿易銀（八〇%）との純度差、さらにここには記されていないが、鋳造にかかわる諸々の経費一切が「公義の御失墜」（幕府負担）とされ、対馬藩へは歩合なしの無《む》歩《ぶ》引替《ひきかえ》が公約されたのである。

この前代未聞の特殊な貿易銀貨を、「人参代往古《おうこ》銀《ぎん》」という。往古（昔）の慶長銀と同品位という意味、それと鋳造の目的が人参の輸入促進にあるという意味を兼ねている。幕府の鋳造所である銀座で鋳造され、五〇〇目ごとに紙に包まれて墨で「人参代　往古銀五百目」と上書きされる。幕府の鋳造銀貨に、輸入商品名が使われたのはこのときくらいだろう。一年間の鋳造額は、一四一七貫五〇〇目である。これは、かつて現銀枠とされた一八〇〇貫目（元禄銀）から算出されたもので、義真代の作戦がここにも生きている。

人参代往古銀は、ごく一部の幕閣と銀座人のみが知るだけで、世間一般にまったく出回ることはない。ひたすら朝鮮貿易用として、対馬藩へ渡されるだけである。しかもこの名称は、対馬までである。対馬藩では、「お銀船」で運ぶ直前に包みを取り替え、「特鋳　銀五百目」と上書きする。人参代は、あくまでも幕府との交渉上の方便。ましてや「往古銀」などとあっては、以前の古い銀貨を持ち込んだようで外聞も悪い。「特鋳銀《とくちゆうぎん》」というネーミングは、朝鮮側と品位の確認交渉を行ったとき、持参した藩主宗義方《よしみち》の書契に「今、朝旨《ちようし》ありて、特に鋳造をなす」とあることに由来する。

人参代往古銀（特鋳銀）の特命のおかげで、対馬藩は貨幣の悪鋳時代を乗り切ることができる。そのうち荻原重秀が失脚すると、正徳四年（一七一四）、国内の通貨は新井白石の進言により慶長期と同品位をとりもどす（正徳金銀）。白石は、対馬藩による高額の銀流出をとめようとしたが、朝鮮貿易を石高制の理論にからめて反論する雨森芳洲の意見を覆すことができなかった（このことについてここでは詳しく触れないが、もし興味をもたれるならば田代和生著『日朝交易と対馬藩』創文社、二〇〇七年を参照のこと）。

そのあと八代将軍吉宗も享保《きようほう》期（一七一六〜一七三五）の二〇年間、通貨の品位を変えなかったことから、市中に流通する丁銀をそのまま箱詰めできる時代が続く。かつての二〇〇〇貫目の水準こそ維持できなかったものの、倭館を通過する「銀の路」は、享保時代まで復調していくきざしすらみせていた。

第五章　倭館に生きる

一　日記をつける館守

館守は、寛永十四年（一六三七）内野権兵衛が倭館へ派遣されたことに始まる。その後、一〇五代深見《ふかみ》六郎のときまで派遣され、明治政府による倭館接収の日まで、二三〇年余の長きにわたって主管であり続けた。歴代の館守役は、対馬藩の藩士のなかでも上級クラスにあたる馬廻《うままわり》の家格に属し、現役の与頭《くみがしら》のなかから選ばれる。任期は原則的に二年であるが、いったん帰国した者が再度任命されることもある。近世中期（一八世紀末）、名館守とうたわれた戸田頼母《たのも》などは、安永八年（一七七九）七〇代の館守になったあと、七四代・七七代・七九代と、合計四期を勤めあげている。

すでに本書第三章に述べたように、館守の役割はまことに多岐にわたる。外交や貿易の現状を把握することはもちろん、館内で起きたすべての出来事に精通していなければならない。しかし倭館の日常で最も重要なことは、館内の統制である。倭館には、武器など禁輸品の持ち込み禁止、密貿易の禁止、行儀作法の遵守、火の用心など二六ヵ条にまとめた「壁書《かべがき》」という館内規約がある。その昔、法令を直接壁に書いたり、板などに書いたものを壁に掲示したことからこのように呼ばれるが、倭館の壁書は紙に書かれている。新館守は、任命にあたって藩内でこの壁書を読み聞かされ、規律の遵守を誓う。倭館へ着任すると、前任の古館守との間で事務の引き継ぎを済ませ、館守屋へ入ってただちに職務を遂行する。

館守は、対馬を離れるにあたって、必ず医者を一人つけてもらう。それだけ館守の職務が激務であることを物語っており、実際に倭館で客死する館守も多い。館守づきの医師派遣の始まりは、寛文四年（一六六四）六月、一二代館守の吉川《よしかわ》六郎左衛門のときからである。阿比留《あびる》玄雪という医師が、初代の館医として赴任している（『朝鮮江被召仕候役々』）。医師は館守だけでなく、倭館にいるすべての人の病気治療や健康管理にあたる。業務に支障をきたすようなときは早めの帰国をうながし、新たな人材補充を国元へ要請するよう館守へ進言する。

館守の重要な任務のひとつに、日帳付がある。新館守の役を拝命した日から、任期を終えて公務を後任の館守へ引き継ぎ、倭館を出港する日までのできごとを、すべて日記に書きとめる作業である。つけられた日記は、そのまま執務記録として倭館に保管される。こうしておけば、新館守への事務引き継ぎもスムーズになる。一〇〇年、二〇〇年と年月がたてば、日記はすばらしい史料群になる。何か事件が起きたとき、ことの顚末、過去の事例をできるだけ多く知っておくことは大切である。過去の最良の解決方法を探し出し、交渉を有利に進めていくこともできる。実際問題、国際関係は前例が尊重され、その積みあげのなかから国際的な規約、つまり国際法がうまれてくる。記録の充実は、国際社会に生きる人々にとって重要な意味がある。

館守の日記は、表題を『館守日記』または略して『毎日記《まいにつき》』とされ、現在、国立国会図書館に合計八六〇冊ほど保管されている。現存する日記の上限は、貞享《じょうきょう》四年（一六八七）九月二十三日、二二代館守吉田作右衛門が対馬鰐浦《わにうら》港を出港した日より、下限は明治三年（一八七〇）閏《うるう》十月五日、一〇四代館守番縫殿介《ばんぬいのすけ》の勤務の日まで、実に一八四年間にわたる。それも、連続して現存することから、倭館の実態を探るのに非常に役立つ。

館守日記に、何が、どのように書いてあるか。一例として、宝永《ほうえい》四年（一七〇七）三月十七日の記事をみてみよう。

（三月）十七日、晴天、北東風
・久市丸梶取の近兵衛が遠見案内をするため、札を出す。
・遠見の者が帰り、飛船《ひせん》三艘見たという案内あり。
・右に同じ、両訳（訓導・別差）からも案内あり。

・御銀船三艘、未刻《ひつじのこく》に倭館着。

・送使《そうし》方下代《かたげだい》の甚左衛門、斤定蔵《きんじょうぐら》下代の久兵衛が、銀の宰領《さいりょう》（積荷監督）として参着。

・御銀飛船の吹嘘《すいこ》三本。両訳へ渡す。

・元方役《もとかたやく》の小柳仁左衛門が（館守屋へ）来て言うには、「国元から今回の飛船便により、江戸で人参が差し支えているため、たとえ少量でも一刻も早く送るようにと申しております。（帰国のため）島へ乗り渡っている八幡丸に人参を一櫃《ひつ》積んでおり、また元方役の役所にも一櫃ありますので、これらを御銀船の戻り便に積み込むよう、横目《よこめ》中へ仰せ渡してください」とのことである。

（中略）

・両訳がいうには、「今日、巡察使《じゅんさつし》が東萊に来られているので、坂ノ下の草梁あたりに目付《めつけ》（朝鮮役人）が立ち回ります。今日から来たる二十日まで、日本人は草梁坂ノ下近辺へあまり立ち入らないようにしていただきたい」とのこと。このことを一代官の吉田又蔵、横目の幾《き》度《ど》又右衛門へ、手紙で連絡する。

・横目の古川小左衛門、厩《うまや》の此右衛門、島番代わりの案内あり。

・横目の鈴木勝左衛門、鉄砲の出助、夜回りの案内あり。

・持筒《もちづつ》の利兵衛、濱《はま》番の案内あり。

…脇田忠兵衛、夜回りの案内あり。

館守日記は、毎日の天気と風向き、そして朝の港の見回りに始まる。さらに館守のもとへ届いた報告が、時間を追って記録される仕組みになっている。この日は御銀船が三艘入港し、元方役（私貿易の担当官）が人参を急ぎ発送する手続きをとっている。また訳官からの注意事項として、巡察使が東萊府に滞在しているため、日本人は坂ノ下へなるべく来ないようにとある。巡察使とは、正確には観察使（監司）のことで、八道で府使・牧使・郡守・県令など守令の統括監視にあたる。倭館の監督不行き届きを責められないよう、東萊《トンネ》府に緊張した雰囲気が漂っているようだ。このあと、夕方から夜にかけての見回りの記事で終わる。

このほか日記の記事には、年中行事、節句・中元・歳暮などの贈答品、諸交渉の経過と顚末、館内で起きた事件や出来事、朝鮮役人の人事交代を含む諸動向など、実にさまざまである。しかしいつも一貫して記載の充実しているのが、船の出入りに関することである。これを確実に押さえておけば、倭館への人・物・書簡の動きをつかむことができる。そこであらためて船の記事だけを抽出してみると、つぎのようなおもしろい事実につきあたる。

たとえば先程の日記の先を読むと、三月二十三日に以酊庵《いていあん》送使と歳遣《さいけん》第四船の両使節が、虎福丸という船に寄せ乗り（同乗）して倭館へ入港したという記事がある。当然のことながら、虎福丸は「使船」である。ところがこの虎福丸は、それから一ヵ月もたたない四月十六日、使節を倭館へ残したまま帰国してしまう。虎福丸は、その後六月二日入港・八月五日出港、十月十八日入港・十一月二十四日出港を繰り返し、結局一年間に対馬・倭館間を三往復する。

いっぽう以酊庵送使と歳遣第四船の両使節は、書契の交換と規定の応接儀礼を終えて七月二十日に倭館を出港する。このとき初めに乗船してきた虎福丸が、倭館に停泊中にもかかわらず、別の三社丸という船を「使船」に仕立てて帰国の途につく。つまり使節と船の往来は、それぞれ別個のスケジュールで動いていることが確認できる。

「使船」といっても、なにも通信使を乗せるような特別じたての船である必要はない。使節が乗っていれば、公文書である書契《しょけい》が渡航証となる。するとその船は、入港の時点で記録上「使船」となる。使船であっても、使節とまったく無関係な人や物・書簡までも乗せる。使節が乗らない船（名目上は、副船・水木船・再渡船《さいとせん》・兼帯された船など）は、対馬藩が発行する簡易な「吹嘘《すいこ》」というのが渡航証になる。

そこで、宝永四年（一七〇七）・五年・六年の三年間の館守日記をもとに、倭館へ入港したすべての船を種類別に［表5-1］にしてみた。これをみると、宝永四年の場合、倭館入港数は総計八四艘にもなる。渡航証別にみると、このうち一二艘が1と2の「書契」（うち年例送使が五艘、臨時送使が七艘）で入港して使船という名目になり、四〇艘が3「吹嘘」で入港している。

重要なのは、4の「飛船吹嘘」による船が三二艘も確認できることである。飛船というのは、前に説明した「お銀船」（丁銀輸送）がこれで、あるいは緊急時の人や書簡の輸送にも使う、七〜八人乗りの小船のことである。先ほどの三月十七日の元方役の言葉にあるように、人参など国内相場の値動きの早い商品を、素早く輸送するのに便利である。小船というだけで、本質的には何ら輸送船と変わらない、飛船は渡航数の規定がないことから、それをよいことに往来回数を多くして輸送力の増大をはかっているのである。

同様にみていくと、宝永五年の入港総数は六五艘、同六年などは九〇艘にもおよぶ。もはや己酉《きゆう》約条の規定数（年間二〇艘）などは、完全に形骸化している。飛船は、そのうちほぼ三〇%を占める。このように倭館への船舶往来は、合理的な運航システムによって成り立っていることが分かる。

表5―1　館守日記からみた倭館入港数（宝永四〜六年）

渡航証の種類	宝永四年	同　五年	同　六年
1書契（年例送使）	五艘	五艘	五艘
2書契（臨時送使）	七艘	六艘	一〇艘
3吹嘘（副船・再渡船等）	四〇艘	三六艘	四二艘
4飛船吹嘘	三二艘	一八艘	三三艘
総計	八四艘	六五艘	九〇艘

ところが［表5―1］の4の「飛船吹嘘」を除く、1〜3までの船は、船名と船頭名が館守日記に記録されていることから、船ごとの動きを追跡することができる。宝永四年の場合、1〜3までの五二艘の入港数は、一九の船舶の往復によるものである。このうち、藩の特船はわ

ずか三船のみで、残り一六船は町人の特船である。これを、藩が一定の賃銀を払って借り上げる。先ほどの例にある虎福丸も、三社丸も、町人船である。

藩は、倭館から戻る町人船を「御米漕船《ごべいそうせん》」と呼ぶ。出港のとき、必ず朝鮮米を積み込むためである。この御米漕船という言い方は日本にはなく、朝鮮語の転用である。朝鮮では、地方で税として徴収した穀物（米・大豆など）を都へ輸送するとき、いわゆる三南地方と呼ばれる忠清・全羅・慶尚からのものを船で海上輸送する。距離もあり、かつまた量的にも多いためで、こうした海上輸送を「漕運《そううん》」といい、用いる船を「漕船」と称す。同じ水上輸送でも、漢江《ハンガン》や洛東江《ナクトンガン》など、河川を利用する「江運」「江船」とは区別される。

倭館へ持ち込まれる米は、前に述べた使節の食料分や公作米を入れると、朝鮮の俵で二万個分にもなる。これらの米は、慶尚道の大丘《テグ》近辺の村から集められた公租米があてられ、いったん釜山の倉庫へ収納された後、倭館へ一回二〇〇俵を定額に漕船で海上輸送されてくる。この倭館搬入の船のことも、対馬藩は「御米漕船」と称している。要するに朝鮮の漕運制度に基づく米穀専門の運搬漕船のことを、総じて倭館ではこのように呼ぶ。

搬入米は倭館の倉庫へ収蔵され、数日後に代官が下役の者や大工たちを動員して、大人数で米の積み込み作業を行う。この作業を「米結《ゆ》い」といい、かなりの重労働である。『朝鮮御代官記録』をみると、御米漕船（こちらは和船）一艘に少なくて二〇〇俵、多いときだと八〇〇俵も積んでいる。平均すると四五〇俵くらいだが、朝鮮俵は日本俵（三斗五升入り）よりも大きく、一俵に日本の京枡で五斗三升〜四升も入る。四五〇俵は、重量にすると三六トンにもなる。宝永四年の場合、米結いを四六回行っている。実りの秋だけでなく、一月から十二月まで、平均して月四回の割で米結いをする。耕作地が乏しく米を生産できない対馬にとって、倭館と対馬をつなぐ御米漕船の運航は、島民の死活問題につながる。館守が、船の出入りの監視を怠らない理由のひとつである。

ただし動く量が多いこともあって、米をめぐるトラブルはあとをたたない。倭館で米の品質をめぐっていつも問題になるのが、「和水《わすい》の弊《へい》」と呼ばれる濡米《ぬれまい》の弊害である。原因は、倭館へ漕運を担当する運米監官《かんかん》（監督官）、等牌《とうはい》（人夫頭）、通訳などの下級官吏が、漕船の水夫らと共謀し、生産地・倉庫・倭館までの間に多くの米を抜き取ってしまうことにある。不足した米の量をごまかすため、砂や水を混入する。

とくに米に水を和《なご》ませる方法は、量が少なければほとんど露顕することなく、米の不正取引としては最もポピュラーな手段といわれる。ちなみに白米一斗につき水一合を吸わせれば、数時間後に二合五勺ほど増え、五合も吸わせればたちまち一升増加するという。水一合以下では、ほとんど見分けがつかない。

義真時代、和水の弊にあった朝鮮米をつかまされ、しかたなく「ほてじめり米」と称して対馬島内で販売したことがある。これが売れないどころか、「殿様が商人の目を抜かれた」などといわれ、商人にもあるまじき行為と、家臣の間でもさんざんの悪評がたってしまった（『賀島兵介言上書』）。

人参にも、いろいろな仕掛けが施される。最も多いのが、内部をくりぬき、鉛を巧妙に仕込んだ人参である。人参は、重量（掛け目）で値段がつけられる。「人参かけめ」という検査で、不当に重量をかせぐ工作が繰り返される。うっかり見過ごして人参座で売ろうものなら、それこそ対馬藩の沽券《こけん》にかかわる。不良品を搬入しないよう、館守から文書をもって東萊府使やさらに上級の官僚へ訴えてもほとんど効果がない。外交実務官の裁判となって倭館へ赴いた雨森芳洲も、実際に和水の弊を体験した一人である。「米でも人参でも木綿でも、質の悪いものは請取を拒否する以外に良い方法がない」（『裁判記録』）というのは、朝鮮側にいくら改善を要求しても聞き届けられないため、むしろ認められた点退《てんたい》（不良品を選別して受け取らない）という権利を行使するのが良策であるといった結論である。

館守日記は、このような倭館のかかえる種々のトラブルを、日を追って克明に記録している。初めは些細な出来事であっても、問題が予想外に大きくなり、解決までに二〜三年、あるいはそれ以上かかる場合もある。そのときは館守日記をベースに、個別問題だけを取りあげた特集記録が編纂される。

館守日記を利用するには、項目別索引が最も便利である。書名を『分類事考』といい、六一項目を一九冊にまとめたものが国立国会図書館に保管されている。これは名館守とうたわれた戸田頼母《たのも》が、寛政七年（一七九五）三任のときに作成を開始したものである。また館守日記やその他倭館関係の文書から作成された『分類紀事大綱』は、江戸時代のほぼ全期間を対象に、七期に分けて総計一六八巻にわたる膨大な事項別編纂書である。現在、国立国会図書館・長崎県立対馬歴史民俗資料館・韓国国史編纂委員会の三ヵ所に分割保管されている。

　索引や編纂物の作成が、すでに江戸時代から行われていたことは、倭館の現場でいかに館守日記が活用され続けてきたかを物語っている。そこには公文書や規則などからはうかがうことのできない、倭館の日常、実態が克明に書き留められている。ひとつの部局にとどまらない、倭館全体を見据えた館守ならではの記録である。

二　男の町

　倭館東館の住民は、西館にくらべて長期間の滞在者が多いが、さりとて生涯にわたってここで生活をしようという者はいない。中世には、倭館の周辺に日本から妻子を伴った永住者（恒居倭人《こうきよわじん》）が不法に住みついて問題になったが、近世になるとそうした人々の姿も見られない。近世倭館の住民になるには対馬藩の許可を必要とし、禁止された行為は法で処罰される。日本人は長期・短期をとわず館内への入居を義務づけられ、館外に居住することは許されない。

　だから倭館の塀は、そのまま日本人の居住区域の境界線を意味する。館守以下の役人、下働きの者、水夫、料理人、商人にいたるまで、すべて公務を名目にしており、同伴に家族、とくに妻や娘といった女性を連れて行くことはできない。日本人の居住が許された町でありながら、永住できない理由がそこにある。

女性の同伴禁止は、長崎出島のオランダ人や唐人屋敷の中国人も同じである。しかしまだしも、かれらには長崎で日本女性（遊女）と出会えるチャンスがある。シーボルトの六年間にわたる出島滞在中、お滝さんとの出会い、そして娘（いね）の誕生などは有名な話である。唐人屋敷への遊女の出入りも多く、年間述べ人数にして二万人以上に達するというから驚きである。生まれた子供は長崎の役所へ届けられ、父親の本国へ渡ることこそ禁じられていたが、母の遊女ともども屋敷内で養育することが許されている。

ところが倭館は、たとえ妓生《キーセン》であっても女性の出入りはできない。あの粛拝式の後、女楽を演じる場も塀の外である。正徳五年（一七一五）のこと。ある国王直属の官僚が、突然「わが国に来られる中国（清国）の使節にさえ、饗応の場に妓女を出さない。通信使が日本へ行ったときも、将軍は妓楽の接待をしないと聞く。即刻やめるべきだ」と、女楽廃止案を持ち出したことがある。数日間、すったもんだした挙げ句、日本側の粛拝式ボイコットを恐れた担当官吏のとりなしで廃止案はボツになる（『妓楽一件之覚書』）。

その五年前の宝永七年（一七一〇）には、守門前（これも塀の外である）の朝市（近隣の人が生鮮食品を売りにくる）に、若い女性が参加することを禁じられる。買い手がどうしてもそこにばかり集まり、高くて質が悪くてもすぐに売り切れてしまうからだ。売れない男どもやお婆さんたちが朝市に来なくなり、風紀が乱れると役人へ訴えて、数日間、倭館の台所が干あがってしまう事態が起こる。ちょうどこのころ、倭館への女性連れ込み事件が多発しており、国際問題になっているという不運（？）も重なっていた（『交奸一件記録』）。

塀の外であっても、たとえ妓生であっても、女性とつき合うことはできない。女性の入館が発覚すれば、直ちに「交奸《こうかん》」（密通）事件として扱われる。仲介した者は必ず死罪、女性も男性も悪くすれば死罪を含めた厳罰がくだる。朝鮮側が理想とする近世倭館は、完璧なまでの「男の町」である。

ではこの町で生活を許されたのは、どのような人々なのか。まず倭館へ渡るには、すべて対馬藩が発行する渡航札を所持しなければならない。札は時期によって異なるが、だいたい役職ごとに枚数が決められている。札は、「切手」ともいう。［表5-2］は、元文元年（一七三六）の船奉行の記録に出てくる常駐役人の許可札数をまとめたものである。

たとえば館守は下働きの者を含めて上下一三人（職歴によって一四人）で倭館へ渡ることができる。かれらへは、「館守札」が渡され、倭館での行動の責任は館守が負う。また館守付きの書手（佑筆役《ゆうひつ》）上下四人、館医上下四人へは、別個に「館守書手札」「館医札」が渡され、それぞれ下人の行動責任を負わされる。

倭館の治安を守る横目は、頭役《とうやく》・大小姓《おおごしょう》（中士）・徒士《かち》といった身分別に上下二〇の札、下役の目

表5-2　役職別の札許可数・元文元年（一七三六）

『御切手控帳上下人数定式』より

館守	一三～一四枚	一代官	一〇
同　書手	四	二代官	七
館医	四	町代官	五
裁判	一二～一三	代官方書手	二
書役出家（東向寺）	四	別一代官	二
鷹匠	三	同　書手	一
同　目付	四	別二代官	一〇
大通詞	六	町別代官	八
稽古通詞	三	別代官書手	一
並通詞	五	別代官方目付	七
見習通詞	一	横目頭	九
茶椀焼（大小姓）	四～五	大小姓横目	七
僉官家守	四	横目（徒士）	四
		横目方目付	七

（合計一五七～一六〇枚）

付けは鷹匠・別代官方・横目方に専属配属されて上下一八の札である。代官のうち、別代官は元方役の後任で私貿易担当官である。一代官が頭役で、「町」がつくのが商人からの任命である。このほか朝鮮語通詞・鷹匠（将軍や大名家へ納める朝鮮鷹の飼育にあたる）・茶碗焼（陶工といい朝鮮の土で陶磁器を焼く職人）・僉官家《せんかんや》守《もり》（屋守とも書く。西館の家屋管理）など、合計して札は一五七～一六〇枚にのぼる。

このほかに、常駐でない年例送使や臨時使節の随行員、漂流民関係者、大改築のときの普請奉行関係に許可された上下の札（ここまで計二八一枚）、さらに請負屋（後出）、船夫関係（一定しない）が加わる。また、留学生も倭館に数人いる。目的を漠然と「韓学稽古」「学問稽古」などとしている者もいるが、人数の多いのが「稽古医師」（医学研修）と「詞《ことば》稽古」（朝鮮語研修生）である。このうち医学研修は、本道《ほんどう》（内科）・外科・鍼灸《はりきゆう》の修得を目的にしている。そのころの朝鮮は医学先進国として知られており、義真時代に倭館留学を奨励して以来、藩医・町医をとわず研修が盛んに行われている。倭館医のなかには、朝鮮医師から直接手ほどきを受けようと、倭館行きを志願した者も多い。

また詞稽古というのは、本役の一員である稽古通詞とは異なり、いわゆる語学生を指す。初めのころ「六十人」商人の者が、家業のため息子を連れて倭館へ行き、個人的に朝鮮語を学ばせるケースが多かった。それが享保《きようほう》十二年（一七二七）、雨森芳洲《あめのもりほうしゆう》が対馬府中に朝鮮語学校を創設したことから、「研修コース」のような形で特訓を受けられるようになった。とくに学校で初級コースを終え、成績優秀者と認められた者は、官費で倭館留学をすることが認められる。芳洲のたてた学習プランにそって、朝鮮訳官たちから生きた言語を学習する。留学生への渡航証は、「稽古札」である。

このほか倭館の生活に欠かせない食料品や小間物類の調達、衣服の仕立、そのほか藩が許可した特定の品を扱う請負人も多く出入りする。請負札をもらうには、藩に申請書を出し、認可されると渡航証がわりの札が支給される。札は「本札」と、使用人らへの「加札」「下働札」が数枚発行される。こちらも先ほどの船奉行の記録によって、請負札の種類と枚数を［表5－3］にまとめてみる。

この表のうち、「一口方商売請負」（藩の一口借役方の商売）と「別請負」は、扱う内容が具体的に記されていない。しかし他の請負札は、ほとんどが職人の仕事である。それも衣・食・住の日常生活に

表5-3　請負札の種類と許可数（加札・下働札を含む）『御切手控帳上下人数定式』より

修理（大工）	七	茶碗竈《かま》修理	六	水夫小屋修理	五
畳	三	枌（棟）葺・屋根葺替	四	番手	一〇
嶋枝船	一	縄屋	二	細物（小間物）屋	一〇
仕立屋	一	紺屋	三	紙漉	三
牛皮	一	牛皮・煎海鼠《いりこ》・胡麻・干牛	三	於胡《おご》（海草）	三
石花草	一	薬種	三	五味子《ごみし》・山茱萸《さんしゅゆ》	三
尾人参	六	参葉買上	三	豆腐	二
糀屋《こうじ》	六	蒟蒻《こんにゃく》	三	酒屋	四
塩から	一	飴焼酎	三	牛蠟	二
蜜蠟《みつろう》	一	一口方商売請負	五	別請負	五
				（計一一〇枚）	

かかわる職種が多い。簡単な修理を請け負う者、あるいは畳《たたみ》屋・豆腐屋・蒟蒻《こんにゃく》屋・酒屋・細物《こまもの》屋・仕立屋・紺屋《こうや》等々は、倭館住民を相手に店を開いている職人で、物によっては朝鮮から原料を購入し、製造から販売まで行う。牛皮・飴焼酎・蜜蝋《みつろう》・薬種・五味子《ごみし》・山茱萸《さんしゅゆ》・尾人参・いりこ等々の札は、朝鮮からの輸入品、あるいは倭館近辺で採れた物の輸送・販売を、単品で請負う商人札である。請負屋の職種が、いかに多彩であるか分かる。

ただしこれらが認可されている期間が限られたり、時期によって種類や札数も異なる。さらに短期間で帰国する者も多く、これまでにみた渡航札数をもって倭館全体の人口を割り出していくことは難しい。もっとも古倭館からの移転の日、館守以下四五〇余人が新倭館に入ったというから、住民はだいたい四〇〇人から五〇〇人くらいの間ではないだろうかと推測している。

このころ対馬藩の総人口は、約三万人ほどである。したがって四〇〇〜五〇〇人という数は、その約一・五％にあたる。ただし倭館には女子の居住が許されなかったから、男子に限れば三％、また極端な年寄り、子供、病人なども除外されるため、壮年男子という割合からみれば五％にも達する。つまり一時期だけをとっても、対馬藩内の壮年男子の二〇人に一人が、倭館にいる計算になる。定例や臨時の使節などが重なれば、それだけ人数は増える。男だけの特殊な町、しかも「鎖国」といわれる時代、海外の一地点にこれだけの日本人が居住しているのは倭館だけである。

これら倭館に生きる人々は、掃除、洗たく、衣服のつくろい、食事の世話など、こまごました家事のすべてを男手だけでこなさなければならない。守門の前に朝市がたち、早朝、そこは各館内から食材の買い出しにきた人々でにぎわう。プロの料理人がつく上級の役人は例外であるが、普通の役人は館ごと、あるいは役職ごとに雇った下働きの者が日常の世話をする。また下級の武士や、あまり金を持たない商人・職人らは、もちろん自分たちの手でまかなう。

日常生活のなかで、とくに倭館独自の決まりのあるのが衣服である。上下《かみしも》の着用など、身分によって服装の制限があるのは他藩と同じだが、倭館の衣服の制度はそれとはまた少し違う。日本国内で倹約令が出て、絹物など贅沢品を着ることを禁じた贅侈《しゃし》禁止令が出るたびに、館守の名をもってそれと逆の絹物着用令が出るのである。

『和館衣服の制』の前書きに、つぎのような文言がある。

先般ご改制を仰せ出され、諸向格別の倹素を行われることになる。このため御国（対馬）においては貴賤《きせん》の差別なく綿《めん》服を仰せ付けられたが、館中のことは異国人掛け合いのことがあるため、御家中の着服を左の通り仰せ付けられる。

このように、対馬本国では貴賤の差別なく木綿服の着用令が出たが、倭館は「異国人掛け合いのこと」、つまり外国人との参会があることから特別であるとしている。たとえば馬廻《うままわり》（上士）と大小姓《おおごしょう》（中士）は、裏付上下《かみしも》に龍文《りゅうもん》（太い粗めの絹物）を用い、肩絹《かたきぬ》（胴衣）に綟《もじり》か夏には絽《ろ》、羽織は縮緬《ちりめん》・龍文・紗綾《さや》、夏には絽を着用しろといった具合に、絹物の種類が指定されている。徒士《かち》も、これに準じた銘柄が列記されている。

また参会の場でなくても、「館中の儀は、日々朝鮮人入り雑り、役柄によっては途中で任官判事（担当役人）や商訳などへ行き合うとき、はなはだ不釣り合いになる。館中を徘徊するときは、格に応じた軽い絹物や紬類を着用するように」と、日常的に絹物を着用するよう注意している。ただし館守の悩みは、絹物うんぬんよりも、まずはキチンとした身なりを心がけるよう、館中の者を指導することである。困ったことに、夏の暑い盛り、あるいは酒を飲んだあとに、裸で館中を出歩く者が多い。

「男の町」倭館の夜は、酒とともにふける。館内に数軒の酒屋が開業しているから、金さえあれば酒はいくらでも手に入る。朝鮮の官吏らをもてなすために、昼間でもあちこちの館で酒宴がある。大酒を飲んで暴れることはザラで、酒がもとで体調を崩す者も多い。館守日記には、そうした些細な日常のイザコザまでが書き留められている。「バクチをするな」「大酒を飲むな」「ふんどし一丁で、外へ出るな」「大声を出すな」「喧嘩で相手を殴るな」などなど。館守のため息が、聞こえてくるようだ。

とくに喧嘩は、倭館の人どうしだけでなく、朝鮮の下役人や商人らと悶着を起こすことがしばしばある。やっかいなことに日本と朝鮮では、喧嘩のやりかたがかなり違う。長々と相手に罵詈《ばり》雑言《ぞうごん》を浴びせ、言葉で打ちのめそうとするが、めったに手をあげないのが朝鮮式の喧嘩である。これにくらべて、日本人はすぐ殴る。言葉よりも、手が先に出るのだ。

両国人の間に起きる喧嘩は、必ず何らかの利害がからんでいる。たとえば支給品や輸入品、個人的に約束した品物などの納期が遅れたり、持ってきても質が悪かったりすれば返品しなければならない。帰国する日が迫ってくると、なおのことストレスが加わる。近くに通訳がいないと、朝鮮式の喧嘩もできない。酒が入れば一触即発。怒りは頂点に達しついにゲンコツを振りあげる。

「ケンカ文化の違い」といえばそれまでだが、新館への移転五年目にして結ばれた国際約条（癸亥約条《きがい》）に、しっかりと「日本人は下役人らを殴打するな」という一文を盛り込まれてしまった。これでは、国際的な面子《めんつ》も丸つぶれである。

この癸亥約条は、天和《てんな》三年（一六八三）朝鮮政府が倭館住民にむけて発した規律条項である。これをみれば朝鮮側からみて、そのころの居住日本人がどのような厄介ごとを引き起こしていたか一目瞭然である。約条は、つぎの四ヵ条からなる。

1、際木（境界）の外へ出ないこと。背けば死罪。
2、のぼせ銀（密貿易資金）を授受する者は、双方とも死罪。
3、私貿易のとき、各房内（館内の部屋）に潜入して密貿易を行う者は、双方とも死罪。
4、五日次雑物《おいり》（支給品）の倭館搬入のとき、日本人は朝鮮の下役人らを殴打するな。違反した双方の犯罪人は、倭館の門外で処罰する。

1は「闌出《らんしゅつ》」という規定区域外への徘徊禁止、2と3は密貿易関係、4が喧嘩に関することである。要するに闌出・密貿易・喧嘩が、倭館住民をかかえている朝鮮側の悩みの種であったといえる。条文はこのあと大きな石に彫り込まれ、皆の目にとまるよう守門のかたわらに立て置かれた。

癸亥約条は、事前に朝鮮政府と対馬藩庁が協議を重ねて締結した国際法であるが、後年、対馬藩の儒学者松浦霞沼《かしょう》はこの条文について、『館内制札之儀ニ付存寄之覚』という意見書を藩へ提出して批判している。霞沼がとくに問題とするのは、処罰規定が一律に死刑と決めつけられている点である。たとえば密貿易にしても、人参半斤を密輸した者と五斤以上も密輸した者とが、同じ死罪であることは納得しがたいというのである。犯罪には軽重があり、それにふさわしい罪科を問うべきである。とくに約条の原文にある「彼此一罪《かれこれいちざい》」（双方とも死罪）が適用されるような犯罪は、きわめて稀なことである。いまこの文言を全面削除するには困難があろうが、実際の運用にあたっては、死罪をくだすまでに、いくつもの等級を設けて処分すべきと主張する。

霞沼の意見書が指摘するように、癸亥約条は朝鮮側の厳罰主義をそのまま色濃く反映している。しかし、それから二八年後の正徳《しょうとく》元年（一七一一）に定約された「辛卯《しんぼう》約条」は、日本の法慣習とのすりあわせによって成立した新しい国際法として注目される。それは「男の町」倭館の宿命ともいうべき、交奸にかかわることである。

交奸は、先ほどの闌出・密貿易・喧嘩と同様、倭館に多発する事件である。朝鮮側が倭館を完全な女人禁制としたときから、当然警戒しなければならないリスクのひとつであったのかもしれない。朝鮮では交奸に対して、一貫して厳しい態度で臨んできた。仲介者および女性は双方ともに死罪とし、日本人の相手にも同様の措置を求めてきた。

ところが館守は、交奸の禁制は呼びかけるものの、発覚して捜索が及ぼうとすると、いつも当事者を帰国させてしまう。日本人の罪の意識からすれば、人を殺《あや》めることと違い、異国の男女が交わったくらいで死罪を適用されるような法はとても容認できない、というのがその理由である。

しかし同じ犯罪を犯しながら、一方が死罪で一方が放免（帰国）とあっては、公平性に欠ける。朝鮮側にこれを法文化しようとする機運が高まり、ついに正徳元年（一七一一）通信使の訪日を期して辛卯約条三ヵ条が締結されることになった。内容はすべて朝鮮女性との交奸にかかわること、したがってこれを別名「交奸《こうかん》約条」という。

1、馬島の人（対馬島の者）が、倭館を抜け出して女性を強姦すれば、死罪。
2、女性を誘引（おびき出すこと）して和奸する者、あるいは強姦未遂の者は、流罪。
3、倭館に入館した女性を通報せず交奸する者は、それ以外の罪を適用。

さきの癸亥約条に洩れた交奸が、ここに初めて国際法として登場することになる。

ただしその処罰規定が、先の松浦霞沼が批判した「彼此一罪」ではなく、強姦、強姦未遂・和奸、交奸と、罪の軽重により三等級に分けられるなど、内容に大きな変化がみられる。朝鮮側が一方的に自国の厳罰主義を押しつけることをやめ、日本の法慣習との妥協点を探りながら、処罰の公平性、つまり「彼此同罪」を貫いている。

約条関係に詳しい尹裕淑《ユンユスク》氏の研究（『近世日朝通交と倭館』）によると、辛卯約条の成立を契機に、朝鮮側も交奸にかかわる自国民の刑罰を再考したという。仲介者を死罪とすることに変わりはなかったが、女性へ適用されていた死罪をやめ、杖罪もしくは流罪への減刑をはかる。倭館住民とても、実際問題、約条の1にあるような事件は滅多に起こさない。2や3は、自発的か受け身かの違いであるが、ほとんどの場合は仲介者に誘われて気軽に交奸におよぶといった3のケースである。

さりとて交奸は摘発されれば、国際問題として処罰対象となる。ただし闌出・密貿易・喧嘩そして交奸などの違法行為は、いくら約条を整備しても根絶することは不可能である。〝懲りない男ども〟は、古今東西、どこにでも存在する。朝鮮政府はもちろんのこと、館守にとっても、倭館終焉の日まで抱え続けなければならない悩みの種である。

三　倭館の事件簿

つぎに倭館で多発する事件を、実例をあげながらみていこう。

1　密貿易（潜商）

館守日記をめくっていくと、倭館で命をおとす者が意外に多い。このうち病死は除くとして、変死、死刑となると、その裏に必ず何らかの事件がつきまとう。倭館の事件の代表といえば、密貿易だろう。潜商行為は、癸亥約条によって一律に死罪とされている。

［表5―4］は、十八世紀の初めまで倭館で死罪になった日本人である。理由は、すべて密貿易である。

①の事件は、武士が大量の人参密貿易にたずさわったもの。②は後で述べるが、倭館の外へ出て密貿易現場を押さえられたものである。③の事件は、密貿易をもちかけた朝鮮の小通事を殺害し、密貿易品を盗んだ罪が加わっている。

これは宝永元年（一七〇四）七月八日、小通事の「ウンホキ」という者が、三日前に倭館へ行ったきりもどらないと、訳官たちが倭館へ届けて発覚している。くまなく館内を捜索したところ、倭館中川の川端に埋められている小通事の死骸を発見する。検分したところ、喉や脇腹に数カ所の疵《きず》がみられ、殺人と断定される。犯人の探索をすすめるうち、茶碗竈《がま》屋守（家屋の守り番）の吉右衛門が自首してきた。

自供によると、ウンホキが吉右衛門へ人参の潜商を持ちかけてきたので、酒を与えて酔い潰し、寝込んだところを刺し殺して持っている人参を奪ったとのこと。家宅捜査したところ、人参二四〇目が出てきた。対馬藩庁の指示により、吉右衛門は斬罪のうえ獄門にかけられる。このことは、倭館滞在中の雨森芳洲とも「熟談のうえ」での決定という。刑の執行は七月二十二日、横目の者の手によって、倭館外の二《ふた》ツ獄《ごく》という所で行われる（『分類紀事大綱』）。

［表5―4］の④と⑤は、これまでのケースとは異なる。対馬へ来島した訳官使の一行を相手に密貿易を行い、島内で現場を押さえられたもので、日本領内の事件にもかかわらず倭館で処刑されている。このうち大浦伊右衛門は、密貿易を取り締まる側の横目役であったことを考慮したとしても、喜兵衛は御籏《はた》というたかだか足軽身分の者に過ぎない。さすがに喜兵衛の処刑のときは、倭館側も藩庁のやりかたに疑念を呈しているが、最後は指示通り二ツ獄で斬罪を執行している。

このように、対馬藩は藩の利益を損なう密貿易者に対して、常に厳罰主義をもってのぞんでいる。倭館住民の部屋は、必要とあらばいつでも抜き打ち捜査がなされ、大金や密貿易品を隠し持っていな

表5―4　倭館で死罪になった日本人（一七一〇年代まで）

①貞享　元年（一六八四）	太田勝右衛門	杉村又左衛門の家来	密貿易
②元禄十一年（一六九八）	白水《しろず》与兵衛	僉官屋守	密貿易
③宝永　元年（一七〇四）	吉右衛門	茶椀竈《がま》屋守	密貿易・殺人
④正徳　四年（一七一四）	大浦伊右衛門	横目	密貿易
⑤享保　二年（一七一七）	喜兵衛	御籏《はた》	密貿易

いか、所持品の検査が行われる。発覚すれば厳しい尋問と、死刑を含む厳罰が待ちかまえている。朝鮮側の相手の名を割り出すことができれば、ただちに東莱府へ届けられ、犯人の探索と処罰を要求する。

倭館と対馬を往来する者への検査は、とくに厳しい。身分の高い者とても例外でなく、「風呂行規《ぎょうき》」といって、要は丸裸になってもらって、衣服も含めた身体検査を行う。船、および積み荷の改めも、出入りのたびに行う。それにもかかわらず、密貿易はなくなるどころか、役人の目を欺く方法が年々巧妙になっていく。隠匿物は少量で高価なもの、つまりほとんどの場合、日本の銀と朝鮮人参が選ばれる。

いったい、犯人は物をどのように隠し、持ち出していたのだろうか。元禄十五年（一七〇二）の『朝鮮・佐須奈・鰐浦書付控』に、船改めを行う関所あてに通達された条文があり、そこに犯人たちのいくつかの手口が披露されている。

（手口その1）銅の輸送用にかぶせる筵《むしろ》の内側に、銀を仕込む。ふぞろいの筵よりも、むしろ荷揃いのよくできたほうに入れ込む。また筵の筋にしたがって人参を編み込み、倭館から持ち出す。

朝鮮の通事や守門の番人らが、人参の編み込みを実際に手伝ったことがある。

（手口その2）人参を大量に密貿易するときは、樽《たる》に入れて蠟《ろう》詰めにする。相手の朝鮮人がこれを夜、船で運び、風待ちしている船のそばに沈めておく。

（手口その3）改場《あらためば》近くの土中に銀や人参を埋めておき、苧《からむし》や古縄の切れたものを詰めた俵をその上にかぶせる。俵の底をあらかじめ切っておき、検査終了後、底から手を出して土中の物を俵に取り込む。

（手口その4）朝鮮の米漕船の者と結託し、蔵の土壁のネズミの穴、ひび割れした部分に、人参を詰め込む。

このほか横目たちのチェック・ポイントとして、つぎのようなものがあげられている。

火床の下の船梁《はり》・末代船梁・筵の内・皮かぶりの丸木・水棹《さお》・水棹を積んでいる立木・表かんぬきの辺・押し込み・帳箱・掛硯《かけすずり》・箪笥《たんす》・樋箱《ひばこ》・木厚の器物・やぐらの上・馬乗り帰国のときの下帯・米櫃《こめびつ》・とく（櫝《ひつ》）・水夫しとね（フトン）・大工細工箱・米俵の内・丸竹で作った鳥籠

いかにも、犯人が好みそうな隠し場所である。おそらく対馬藩が実際に検挙した事例に基づいているのだろう。

2　交奸（密通）

先にみたように、初めのころ朝鮮側は交奸（密通）に関与した仲介者も女性も死刑に処し、日本側へも同様の処分を迫っていた。しかし密貿易と異なり、交奸については犯人検挙も含めて、いつも対馬藩の反応が鈍い。倭館側から自発的に犯人を差し出すようなことはなく、朝鮮側から摘発されて初めて対応にのり出す始末である。その場合、たいていの館守は犯人と名指しされた住民をかばう行動に出る。

異国の女性との交情を、死罪などという極刑で処罰することは、そのころの日本の法慣習からいって考えられないためである。実際問題、交奸を理由に、死罪になった日本人は一人もいない。正徳元年（一七一一）辛卯約条が約定されてから後は、倭館外での強姦のみが死罪の対象となり、交奸した朝鮮女性のほうも死罪から釈放される。

辛卯約条以後、交奸が摘発されたのは僅か五件だけである。『安政六己未年（一八五九）七月去年条一特送使正官人仁位《にい》琢磨《たくま》下人藤次郎、同都《と》船主《せんしゆ》阿比留《あびる》左《さ》馬介《まのすけ》下人喜一郎と申者於和館交奸之一件記録』という記録をみると、交奸犯の下人二名は「夜中に突然、戸をたたく者がいて……」とか、「老母を抱えて、食うに困って身売りしたいというから……」などと、いかにも気が進まないながら事件にかかわってしまったような言い訳をしている。しかし摘発されればすぐに関係者の名前が浮上してしまうあたり、前から顔見知りの者に手引きを依頼していたというほかない。

倭館内部からの告発は、ほとんどない。仲介者と女性が、明け方に倭館の塀を乗り越えようとして、番人に見とがめられて発覚する。そこで相手の日本人が特定され、密貿易の余罪が無いことを確認したうえで、仲介者は死罪、女性は流罪、日本人は対馬へ送られて流罪、というパターンが繰り返される。捕まるのは〝運の悪い者〟だけ、ほとんど大部分の交奸が見逃されていたことは想像するにかたくない。

しかし所詮、御禁制を犯すような者にロクなやつはいない。たかが交奸と甘く見ていたため、つぎの大事件を未然に防げなかった事例がある。先に［表5-4］に示した、倭館で死罪になった日本人のうち、②の元禄十一年（一六九八）白水《しろず》与兵衛事件がこれである。

話は、事件の一年前にさかのぼる。六月のある晩、倭館の南浜のあたりの塀の側で、二人の女性の悲鳴が響きわたった。伏兵（見張り）の者が、彼女らを捕らえて東萊府《トンネ》で取り調べたところ、両名は釜山からみて北の梁山《ヤンサン》という所から来たという。テルセキ（金哲石《キムチョルソク》）なる男が、「判事《はんす》（訳官）の側で召し使う者を雇いたい」と言葉巧みに連れ出し、倭館のなかへ連れ込もうとしたので悲鳴をあげたとか。テルセキは遁走してしまったが、調べてみるとこれまでにも数名の女性を、酒屋の飯束《いいづか》喜兵衛という者に斡旋していたらしい。

喜兵衛は、以前から女性をかくまっているというもっぱらの噂で、逃走したテルセキもいっときは喜兵衛の所へ身を隠していたことが判明する。そこで喜兵衛と従者三人の部屋、その近辺や中山なども捜索したが見当たらない。このとき喜兵衛の隣室にいたのが僉官屋守《せんかんやもり》（西館の管理人）の白水与兵衛で、そこも一応取り調べられている。だがいつも通り、かなりありきたりの捜査だったようで、このときの交奸は不問に付されてしまう。

限りなく黒に近い飯束喜兵衛と白水与兵衛が、さらなる大事件を引き起こすのは翌年の四月である。このときの主犯は白水与兵衛のほうで、大胆にも衣服を借りて朝鮮人になりすまし、倭館を抜け出して東萊府の宿で人参密売の画策をする。そこを宿の主の女房に見とがめられ、密告によって一網打尽となる。

密貿易ということで、倭館側も今度は本格的な取り調べを行い、やがて二〇貫目という大量の銀が与兵衛によって倭館から持ち出されていたことが判明する。朝鮮側の荷担者四人も捕まって死罪、白水与兵衛も死罪となる。共犯と目された飯束喜兵衛は、行方をくらましていたが、五月になって館内で自殺体となって発見される。事が終わってみると、当初、交奸のときに飯束喜兵衛や白水与兵衛の名が浮上したあたりから、すでにワル仲間の動きが始まっていたようだ（『唐坊《とうぼう》新五郎勤役之節町人飯束喜兵衛・白水与兵衛人参潜商仕相手之朝鮮人共ニ両国被行御制法候一件日帳抜書』）。

ところで飯束喜兵衛の事例にみられるように、倭館ではときおり自殺者が出る。館守日記の索引ともいうべき『分類事考』の「変死」の項目をみると、「自害」「自滅」「首縊《くびくくり》」「縊死《いし》」などとあり、なかには脇差《わきざ》しで自刃するもの（元禄六年の麻右衛門）、毒をあおぐ者（正徳三年の茂兵衛）もいる。自殺の動機は、「乱気」（元禄二年の高畠《たかはた》勝左衛門）、病気を苦にして（元禄四年の勘兵衛）など、まれに明らかなものもあるが、ほとんどが不明とされている。

周りの者も「前日まで不審なことはなかった」と一様に証言しているが、これでは何か裏の事情があるのではないかとむしろ勘ぐりたくなる。たとえば服毒自殺した茂兵衛（水夫）は、「御国法に背き」とあり、人参の密貿易が発覚したことによる。また前出［表5-4］の死罪になった日本人のうち、③宝永元年（一七〇四）吉右衛門（茶碗竃屋守）は、捕まる前に知人に密貿易と殺人の一件を打ち明け、自殺をほのめかしている。すべてとは言い難いが、自殺は何らかの重罪が発覚しそうになったとき、自らの決着をつけるためにとられることが多く、自殺者の陰に事件が潜んでいるとみたほうがよい。

3　盗難事件

倭館には、多くの倉庫が建ち並ぶ。なかに大量の米、高価な輸出品・輸入品がつまっており、それこそ宝の山でこれを狙った盗難事件が多発する。元禄九年（一六九六）、南浜にある蔵の鍵が壊され、米二五俵が盗まれた。数日して朝鮮人の密告者二名が現れ、犯人らは豆毛浦《トウモポ》の古館跡に巣くっている五人の盗人の仕業によるものと判明。捕縛のため倭館から横目ら数人がかけつけ、うち四人を取り逃がしたが、一人金擇先《キムテクソン》という犯人を捕らえて倭館へ連れ帰る。残り四人を捕えるため、倭館から人が近隣の村へ派遣されるが、見つけることはできない。盗られた米は、「銘々《めいめい》に配分」とあって、おそらく処分されてしまったのだろう（『於和館御蔵へ盗人候様子館守方より申越候書状口上等之写』）。

犯人の取り調べは、原則として日本側が行う。拷問もまじえて、残る四人の盗賊の名（ソンサンハキ・イフセキ・イシアニ・ソクテクソキ）を白状させ、小船を用いて倭館へ乗りつけたこと、鍛冶屋の使用する火ばしで錠前を壊したことなどが判明する。倭館からの通報を受けた東莱府が四人の探索を行い、うち「イシアニ（李時汗《イシハン》）」「ソクテクソキ」の二人を捕らえて、取り調べのうえ倭館近くの坂の下で斬罪処分とする。残る二人の行方は、結局、分からずじまいである。

いっぽう倭館に捕縛されている金擇先の処分は、「朝鮮の国法」に従うとされる。そこで都からの回答を待つうち、金擇先が囚人籠《かご》とその下の床の板敷きを刃物で切り破り、床下から抜け出して逃走してしまう。再度、倭館から人を出して近辺の村を捜索するが見当たらず、東莱府から近郷一三郡に触状を回して、ようやく水営にいたところを捕らえる。ところが今度は朝鮮側の捕縛ということで、金擇先は倭館へは引き渡してもらえない。

都から斬罪の回答が出たところで、処刑の日、横目ら四人の検視役が刑場へ派遣されている。後日、二名の密告者へは、それぞれ銀五枚（金で三両余）という、かなり多額の報奨金が支払われる。また米蔵の番人、囚人の番人など日本人七人が、「不調法者《ぶちょうほうもの》」ということで倭館で籠舎《ろうしゃ》を仰せつけられている（『分類紀事大綱』）。

この一件からも分かるように、倭館内の犯罪に朝鮮人がからむ場合、同類の犯人であってもどちらの官憲が捕らえたかによって、拘留場所、尋問の方法、処分までの手続きなどが違っていることが分かる。犯人が遁走したときは、本来は日本人が立入禁止とされる区域外の村々まで、横目らが出向くことを許可されている。犯人が倭館内に捕縛されているときは、尋問は拷問も含めて日本側が担当し、罪状と処分に関する意見書を添えて朝鮮側へ差し出す。処罰規定は朝鮮の国内法に従うが、杖罪や死刑など倭館近辺での執行には、倭館の役人が検視役として立ち会うことになっている。

住民個人の私物も、よく狙われる。昼間、歩いていたところをいきなり頭を殴られ、持っていた金目のものをひったくられた、などという事件もよくある。ほとんどの場合、犯人は不明のままである。しかし同じ私物でも、武器類がからむときは、大がかりな捜査が行われる。江戸時代の初期、幕府は武器の輸出禁止令を出しており、倭館の壁書第一条目にも「日本武具の類、異国え相渡候儀、公儀より御法度の旨……」とあるためだ。さしあたっては住民の所持する日本刀、とくに脇差し（小刀）がよく盗難にあう。

元禄九年（一六九六）、脇差し二柄《え》も盗まれながら、咎められることを恐れて紛失届を出さなかった者がいる。後日、これを購入した訳官配下の軍官が身に着けていて、盗難事件が発覚し、双方ともに叱責をうけている。宝永三年（一七〇六）には、衣類を入れていた簞笥《たんす》などが盗まれ、なかに刀・脇差しの大小が含まれていたことから、一ヵ月余にわたって館内の一斉捜査が行われている。刀はそのうち大小とも中山で発見され、これも犯人は不明。被害者（番手の与兵衛）は、「武器を粗末にした」という理由により、対馬へ帰国してから半月ほどの閉門（外出禁止）を仰せつけられている（『於朝鮮表番手与兵衛刀脇差失候ニ付覚書』）。

鉄砲も、盗まれたことがある。新館に移転してまだ間も無い天和《てんな》元年（一六八二）、原五助が西館宿所の寄附《よりつき》（玄関わきの小部屋）に飾っておいた鉄砲が、それも六丁も紛失する騒ぎが起きた。原五助は、将軍の代替わりを告げ通信使派遣を要請する修聘参判使《しゅうへいさんばんし》の正使として滞在中であった。原五助の身分、それと盗まれたモノが物だけに、館内に緊張がはしり、探索のため対馬から特使まで派遣されるが、いっこうに埒《らち》があかない。原五助の家人のアリバイ捜査が行われるが、禁じられていた博打《ばくち》をしていたことが発覚しただけで、こちらは盗難事件と無関係だと分かる。

ところが三ヵ月たったころ、東向寺の前に鉄砲六丁が忽然と現れる。朝市に買い出しにいった者が発見したというが、日本・朝鮮いずれの者のしわざかも分からない。武器の取り扱いの悪さを咎められた原五助は、一時的に閉門の罰を受けるが、それもいつしか沙汰止みとなり、結局、事件はウヤムヤのうち終わってしまう（『分類紀事大綱』）。

こうした倭館の犯罪は、ほとんどが夜陰に乗じて行われる。館内の夜回りは横目・目付など下役人があたるが、それでも足らず元禄元年（一六八八）八月二十日をもって、裁判、代官、商売掛（元方役）、医者、請負屋などからも人を出して、私設の夜警団が毎晩巡回することになった。このときの

表5-5　近藤弥兵衛の掛硯の中身　『（館守）毎日記』より

秤　一挺、銭　十四匁（文?）、銀　四〜五匁、けぬき　四〜五本、
扇箱　二つ（内にお祓・扇一本）、帳　二冊、節用集　一冊、
半紙、蝋燭　一丁、もとい（元結）、三尺縄　一筋、
茶入小箱　一つ、あさの糸、今川の本　一冊、印籠、ころ盤　一つ、
らしゃの柄ひつこみ　一つ、やらし（?）、掛物　一幅（正月の絵）、
日本筆　一対、百田紙　二帖、唐人□□□付、硯　一面、

館守、深見《ふかみ》弾左衛門の命令につぎのようにある。

打廻《うちまわり》（巡回）のときは、館内端々まで念を入れ、家々へ火の用心の声をかけ、返答を承って届けること。往来する下々の者の札を吟味し、往来札の無い者がいれば、館守へ届けること。朝鮮人は申すにおよばず、付け火（放火）・博奕《ばくち》・盗人などをしている者を見たら、早速、召し捕らえること。このほか不審なる様体を見届けたならば、急度《きっと》案内をとげるよう、家内の々えも堅く申しつけられること。（『（館守）毎日記』）

ところが夜警団が組織されてから僅か二日後の夜、盗難事件が起こる。近藤弥兵衛（馬乗り）の届けにより、掛硯《かけすずり》（船に持ち込む手文庫、船簞笥ともいう）のなかに入れておいた現銀四〜五匁が盗まれたというのだ。弥兵衛は、この夜、泥酔状態にあり、金額が少ないこともあってかこれも犯人は分からずじまいである。

このとき取り調べ用に、盗まれた銀以外の、掛硯の中身すべてが書き出されている。「掛硯入合《いれあい》之

覚」とあって、なかに判読不明の文字もあるが、全部で二三品目もそこに収納されていたことが分かる。銀だけで銭が盗まれなかったのは、日本銭だったからかもしれない。毛抜き、元結《もとゆい》、掛軸、筆記用具（筆・紙・硯）、あるいは書箱（『節用集』）は国語辞典、今川の本は教訓書）など、倭館住民が普段、どのような私物を携帯していたかを知ることのできる貴重な史料である。

4　虎退治

事件を起こすのは、人間だけとはかぎらない。稀に、虎が倭館の塀を乗り越えて侵入してくる。ほとんどの場合、夜が明けるころまでに倭館から出て行ってくれるが、たまたま中山あたりの山腹に居ついてしまうと、大さわぎになる。十八世紀の後期、田嶋左近右衛門が六六代館守を勤めていたころ、虎が二頭も倭館へ侵入して昼日中に住民と鉢合わせし、衆人環視のもと大捕物劇が演じられたことがある。

館守の『毎日記』から、このときの虎退治の模様をみてみよう。明和八年（一七七一）三月二十三日のこと。このところ倭館で飼っている番犬が数頭、食い殺される事態が続く。さては近くの山に虎が立ち入ったのだろう、虎狩りをせねばなるまい、などと皆で話し合っていたところ、四つ時分（午前十時ごろ）茶碗焼き竈の上の方から「虎が出た！」という声があがる。

館内の人々が各々武器をもって声のするほうへ駆け出し、最初に西館の上手にいた小平太（館守若党）が虎と出くわす。持っていた枝鑓《やり》を向けたところ、虎は横手へ逃げたのでこれを追いかけ、行く手にいた折平（館守下男）が鉄砲（三穴銃）を一発放つ。虎はよろけながらも起きあがり、折平へ飛びかかろうとした。そこへ小平太が駆けつけ、虎と向かいあう。日記に、「はなはだ咆哮《ほうこう》いたし、霧のごとくなる気を吐きかける。小平太は、臓腑《ぞうふ》にその気、通り候とおぼえ候」とある。勇気を振るい起こして、鑓で幾度も突いて何とかこれを仕留めた。

しばらくして裁判家の上手に、もう一頭、虎が出る。出くわした小次郎（館守若党）が、鉄砲を肩に撃ち込み、藪《やぶ》のなかに逃げ込んでいたところを見つけて、腰のあたりに二発目を撃ち込む。弾は、腰から少し背のほうの大骨あたりに当たるが、またしても通詞屋の表のほうへ逃げ込まれてしまう。丁度、その日は開市（私貿易）が行われていたため、通詞屋に大勢の朝鮮通事らが詰めていて大騒ぎになったが、虎はすぐに山手のほうへと駆け上がっていった。

小次郎がその後を追っていくと、木に登っている者がいて、「虎はこの先だ」と叫んでいる。小次郎もまた木に登り、上から鉄砲を撃とうとしたそのとき、やにわに虎が飛びかかってきて足に噛《か》みついた。悲鳴を聞いた又吉（器物札）が駆けつけ、虎の小鼻から目の下にかけて切りつけたが、容易に小次郎を放そうとしない。頭、足など数ヵ所を切りつけて、ようやく小次郎を放した。すると今度は、又吉に飛びかかろうとする。そこへ駆けつけた甚介（御駕籠《かご》）が、持っていた山刀で虎の頭を切りつけ、たおれ臥したところを皆で仕留めた。噛みつかれた小次郎の足は、爪跡やら歯形の疵《きず》がつき、な

図５－１　倭館虎狩の図　『朝鮮図絵』京都大学附属図書館所蔵 谷村文庫

かには骨まで達するほど深いものもあったという。

仕留めた虎のうち、はじめの一頭は内蔵を抜き出して全身を塩漬けにし、事の次第を書きあげた館守の「口上書」とともに国元へ送ることにした。あとの一頭は損傷が激しいため皮をはぎ、頭は虎頭骨にしてこれも国元へ送り、肉はその日のうちに館守屋の庭で焼いて、皆にふるまう。しかもこの日は開市日とあって、朝鮮の役人や商人らが大勢見守るなか、大捕物劇が繰り広げられたことになる。とくに通詞屋へ飛び込んできた虎を目前にした者などは、「我々も生虎かけ廻り候を、初めて見物つかまつる」と、興奮さめやらない様子だったとか。

ただちにこの一件は、訳官の公式文書（伝令）を通じて東萊府使の知るところとなり、翌日、ご褒美の白米二俵が倭館へ運ばれてきた。また、とくに怪我をした小次郎へは〝妙薬〟とか称して鶏が四羽贈られている。国元からの褒美は、五月になってからである。活躍した五人の者は、すべて新規に士分（徒士《かち》）に取り立てられることになる。しかも小平太は「小出《こいで》虎平太」、折平は「庄司《しょうじ》虎九郎」、小次郎は「斎藤虎次郎」、甚介は「橘《たちばな》虎助」、又吉は「小田虎吉郎」と、皆一同「虎」の一字を賜り、名字とともに名乗りを許されるという粋なはからいであった。

事件といっても、久しぶりの快挙に後日談はなおも続く。間もなくこの倭館の虎退治のことは、江戸の戯作者として名高い大田南畝《なんぽ》（蜀山人《しょくさんじん》）の『半日閑話』にとりあげられる。「宗対馬守家来虎を討」と題したこの事件は、通詞屋で見聞した朝鮮役人に「猛虎の怒り日本人の勇気を見、感ずる事限りなし。彼国の獣ながら、中々ヶ様に輙《たやす》く二の虎を日本人の取事、朝鮮御陣（文禄・慶長の役）以来はこれ無く、日本人の勇気を輝し、希代の珍事」と語らせるあたり、かなり武勇伝風の読み物仕立てになっている。

しかし小平太以下、活躍する五人の名前も正確で、また二頭の虎の仕留めかたなど、館守日記に書かれた事実とあまり違わない。大田南畝は、この情報源を「宗対馬守臣田嶋左近右衛門家来、朝鮮国勤番にて虎を打候由、其書付の写」と記していることから、あるいは対馬藩の者が一種の自慢話として、故意に館守の「口上書」の内容を流したとも考えられる。

虎退治の様子は、巻物にも描かれた。草梁《チョリヤン》倭館の全景を描いている『朝鮮図絵』（京都大学附属図書館所蔵）の中程に、「中山虎狩」と題する場面が登場する。その上部には、中山に紛れ込んだ虎を探している様子が、下部には二頭の虎を鉄砲や鎗などで仕留める様子が鮮やかに描かれている。木に登っている者が何か叫んでいる場面まであり、かなりリアルだ。またこの場面が描かれているということから、逆にこの巻物の成立年代を事件（明和八・一七七一年）以降と断定できる有力な根拠となる。

さらにこれも後年のこと、対馬藩内に『獲虎実録《かくこじつろく》』という読み物が出回る。ここでは館守の田嶋左近右衛門が、田嶋流という鉄砲を主とする武術の家柄であることが明かされ、あたかも虎退治との因果関係があるかのような語りになっている。興味深いことに、虎退治を文禄・慶長の役を重ねるくだりは、「朝鮮御在陣の間に、対州の官臣大石荒川之助兄弟、大虎を組留しより已来《いらい》、未聞の働き比類の功名、日本の勇気を輝すの珍事なり」とあり、ここに大石荒川之助兄弟という名が登場する。

対馬の『宗氏家譜』には、朝鮮出兵のころ宗義智《よしとし》が諸将と狩猟を行い、その時佐護郡代を勤める大石荒河という者が、弟とともに大虎を槍で刺し殺したと記されている。後に対馬藩内では、そのときの武勇伝が「大石氏刺虎記」となって流布するようになり、今回の虎退治がそれと重ねられていることが分かる。かの有名な「加藤清正の虎退治」なる話はもちろん事実ではないが、あるいはこうした史実の積み上げのなかから、「清正武勇伝」が生まれてきたのかもしれない。

第六章　日朝食文化の交流

一　倭館の日常食

外国生活を送る者にとって、もっとも気がかりなのが毎日の食事である。長いこと日本を離れていると、いくら豪華な食事に招待されても、ふっくらとした米のご飯が恋しくなるから不思議なものである。日本と変わらない食生活を送るには、同じような食材がどれだけ手に入るかどうかである。

幸いにも倭館は朝鮮半島の南端にあり、食材のかなりの部分が日本と共通している。主食となる米は、官営貿易で輸入した朝鮮米が豊富にある。そのほかに、朝鮮側から贈答品などの名目で、多種類の食品が倭館へ運びこまれてくる。つぎの［表6-1］は、雨森芳洲《あめのもりほうしゅう》が裁判役《さいはん》（外交交渉官）に任じられたとき、朝鮮の官吏から贈られた中元・歳暮の品々のなかから、食料品関係だけをぬき出したものである。米はもちろんのこと、正月用の餅、季節の野菜、魚や貝、動物の干した肉、酒類、油、生

表6－1　雨森芳洲へ贈られた食料品・享保十四年（一七二九）

中元	粘米　白米　栢子《びゃくし》（松の実）　胡桃　瓜　乾柿　大棗《おおなつめ》　菉末《ろくまつ》（緑豆の粉末） 蜜　黄肉（黄牛肉）　生鶏　乾雉　文魚（タコ）　大口魚（マダラ） 広魚（カレイ）　海蔘（ナマコ）　焼酎　清酒　氷　油
歳暮	粘米　白米　小豆　白餅　五層餅　胡桃　栗　乾柿　菉末　蜜　白糖　油 大口魚　広魚　青魚（ニシン）　鮒魚　紅蛤（イガイ）　海蔘 黄肉　牛肉　鴨　乾雉　生雉　黄酒　清酒

『裁判記録』より

きた鶏や雉《きじ》まで、実に多彩な食材が倭館へ運ばれていたことが分かる

倭館住民の食材は、東館の守門前にたつ朝市で購入する。毎朝、日の出前の暗いうちから、かつて倭館のあった豆毛浦《トウモポ》や、沙道《サド》、大峙《テチ》といった倭館近辺の村人が、とれたての野菜や魚介類をもってくる。住民たちは、これを米（朝鮮では貨幣のかわりになる）で買う。前に述べたように、「交奸」だと騒ぎたてられないように、朝市への若い女性の立ち入りは禁じられている。売り手は数人の老婆か、あとは男ばかりでさえないが、とにもかくにも朝市は住民の台所を支える、無くてはならない市場である。

陽が昇るころ、館のあちこちから朝げのための煙が立ちのぼる。館守や裁判といった身分の高い役人ならば、専任の料理人（朝鮮でいう熟手）がいて、食事を作ってくれる。対馬藩の料理人は弓の者と

同格、つまり足軽身分である。時に京都や大坂あたりから雇われたり、対馬の者を上方《かみがた》へ料理修業に出すこともある（『軽扶持人』）。かれらは、後で述べる饗応料理から分かるように、本式の本膳料理（日本料理のフル・コース）もこなすプロの技師たちである。

倭館の食事に関して、はやくも寛文十一年（一六七二）の『御壁書控』に、つぎのような規定がみられる。

一、朝鮮人参会《さんかい》の時は格別。日本人互に振舞の膳部、一汁三菜、酒三色の上は、堅く無用たるべき事。

日本人どうしであれば、たとえ振舞《ふるまい》の膳部（宴会料理）であっても、一汁三菜（汁物が一、おかずが三種）を越えてはならないとしている。酒三色とあるのは、種類のことだろうか？

古倭館時代にできたこの規定は、新倭館になっても変わらないとみえ、倭館記録に「一汁三菜の料理を出す」といった記事があちこちにみられる。ただし壁書に「朝鮮人参会の時は各別」とあり、会食に朝鮮の官吏などが加わると、この規定にとらわれない。

滞在が長くなると、顔馴染みの朝鮮役人や商人が、「ごちそうになるばかりでは、心ぐるしい」などといって、たまに朝鮮式の日常食を作ってくれる。倭館の名通詞として知られた小田幾五郎（一七五五〜一八三二）は、そのときの模様を『通訳酬酢《つうやくしゅうさく》』に述べている。

（馴染みの訳官が）「今朝、釜山《プサン》の朝市に下女をつかわして、大鯛を一尾、手に入れました。玉子、野菜、大根、芹《せり》、ネギ、春菊、ひじき、穂藻（海草の一種）、若和布《わかめ》などを取りそろえておいてください」という。

（その作りかたをみるに）まず七輪《しちりん》の上に、小鍋をのせ（鯛を煮）る。胡麻油を少し入れて醤油を加え、野菜を残らず入れ、玉子を五〜六個わり、杓《しゃく》で（グジャグジャに）正体なきまでに混ぜる。

「我国の鍋料理は、こうしてこそ味がつきます」といって、（訳官が）食べ始めたので、（私もつまんで）「下地まで、味がよろしいようです」とほめると、

「焼酎を出して欲しい」と（訳官が）いう。これを断ると、

「（あなたは）酒が飲めない方でしたね。では春になったら、別に花箋《かせん》（菓子のこと）を作ってさしあげましょう」という。

このとき幾五郎が作ってもらったのは、まぎれもない「チゲ」という朝鮮の代表的な鍋料理である。今と違って、唐辛子は入らない。

会話にも出てくるが、そのころは食事のあいまによく酒を飲む。幾五郎は下戸《げこ》（酒を飲めないたち）

で知られるが、倭館住民が四〇〇〜五〇〇人、それも壮年期の男が中心となれば、酒盛りは欠かせない。先の表にもあるように、雨森芳洲も朝鮮側から黄酒・焼酎《しょうちゅう》・清酒といった種類の酒を贈られている。このうち黄酒とは「黄金酒」のことで、酒の色が金色をおびているのでこう呼ばれる。白米の粉をいったん粥《かゆ》にして、麴《こうじ》とともに仕込む。夏なら三日間、冬でも七日間でできるというから、かなり速成の酒である。

朝鮮の酒は、基本的には焼酎・濁酒・清酒の三種からなる。そこに色々な果実や花、薬材などを加えた独特の酒を製造するが、いずれも速成の酒が多く、あまり長期にわたって寝かすことはしない。朝鮮の酒について、小田管作（小田幾五郎の子、通詞）はつぎのように記す。

酒に色々ある。多くは焼酎製と聞く。清酒というは、味すし（酸っぱい）。濁酒は小麦をもって醸すが多く、濁酒を呑めば腰にあたり、歩行かなわざるよし。名酒、桂姜酒・竹瀝酒、その他さまざまあるよし。いずれも焼酒に、肉桂・生姜・蜜などの品をなごましたるものにて別に製なきよし。花焼酒は、樋口《ひぐち》に鶏冠花《けいとう》を挂《か》け、色を取るよし。（『象胥紀聞拾遺《しょうしょきぶんしゅうい》』）

清酒とは、酒の上ずみを取り出したものである。それが酸っぱいというのは、醸造に長い期間をかけずに、かなりの速成酒であるという証拠である。ここに名酒とうたわれた桂姜酒・竹瀝酒はいずれも薬酒の類で、このうち竹瀝酒は今日も伝統酒「竹瀝膏《チュンニョクコ》」の名で知られている。

小田幾五郎は下戸でありながら、宴会の席上の会話や官吏たちからの贈物などを通して、朝鮮の酒、とくに極上品について詳しい記録を残している。


酒の極上は、一年酒という。そのほか梨花酒・方文酒の類もあるという。ただし一年酒は土中に造りこみ、寒中より五ヵ月ぶりに出し用いるという。

焼酎の極上は、烏紅露という。そのほか常に強きを好むという。ただし樋口を三度煮しつめ、蜜のごとくであるとか。平安道の名物にて、監司（八道の長官、観察使のこと）帰京の節、そのほか郡（守）・県令も数瓶とり帰り、土産いたさるよし。（『象胥紀聞』）

酒の極上品は、速成ものよりも、一年間寝かしたものが良いとする。冬場を通してゆっくりと仕込むいわゆる「寒造り《かんづく》」は、どちらかというと日本の酒の味に似ているのだろう。ここに出てくる梨花酒・方文（紋）酒・烏紅露は、これまた名酒として現在も伝わる。

しかしいくら朝鮮の名酒であっても、日本人の口にあうかどうかは別問題である。酒というものは、その国固有の風土や民族性が込められている。一種独特の風味からか、そのころの倭館の住民たちは、どちらかというと朝鮮の酒をあまり好まなかったようだ。

我国（日本）の酒と貴国（朝鮮）の酒とは、性が違ひましたれども、我国の酒は貴国の焼酒の様に強ふ御座らぬにより、（あまり量を）御上りなられでも御気づかいなされませず、御酒量だけ御上りなられましたらば、亭主がかたじけながれませふ。

これは朝鮮で編纂された日本語の学習書（『隣語大方』）に出てくる、会話例文（原文のまま）である。日本人が朝鮮の酒をあまり飲まずに、言い訳ばかりを繰り返すことから、日常会話の練習文にまでなっている。

これによると、日本人が朝鮮の酒を好まない理由を、ズバリ「アルコールの度合い」、そして「酒の性（風味）」としている。先の小田親子の記述にも、

「濁酒を呑めば腰にあたり、歩行かなわざるよし」

「焼酎の極上は、……そのほか常に強きを好むという」

とあり、一様に日本人にとって朝鮮の酒はかなりきつく感じたようだ。そういえば、今でも韓国人と酒をくみかわすと、強い酒を水などで割らずに、ストレートでぐいぐいやるのに妙に感心させられる。先につぶれるのはきまって日本人のほうで、これは江戸時代も変わらなかったものとみえる。

では、風味の違いはどこからくるのだろう。実は、日本と朝鮮の酒の味の違いは、麹に原因してい

るといわれる。朝鮮の麹は、「餅麹」といって、小麦をあらく砕いたものに水を加えて発酵させていく。朝鮮の清酒は、糯米《もちごめ》・粳米《うるちまい》を材料にこの餅麹を仕込んだもので、別名、薬酒（薬用酒とは異なる）とも呼ばれる。もっとも倭館のある朝鮮の南部地方では、穀類を材料に数日間で速醸された濁酒が好まれている。いわゆるマッコリである。

日本でも中世末までは濁酒、俗にいうドブロクが中心であったが、近世初めごろから酒の大革命が畿内地方で起きた。おいしい日本酒、清酒の誕生である。この日本酒のうまみは、白米をふんだんに使うことにある。まず白米を発酵させて「白麹」（ばら麹ともいう）を白米とともに仕込む。ともに白米を用いることから、できた酒を「諸白《もろはく》」といい、同時に上等の酒を意味する。アクは灰を入れて沈殿させ、上ずみをとり出して澄んだ清酒となる。

好みの日本酒を、毎日、ふんだんに飲みたい。この想いが、「倭館地酒」の醸造につながる。倭館への渡航証である請負札をみると、酒屋札がいつも三〜四枚、発行されている。麹屋の請負札も数枚あることから、朝鮮米を原料に日本酒の仕込みが行われていたことが分かる。もちろん麹は、味噌・醤油造りに欠かせない。原料の大豆も朝鮮から輸入できるので、おそらくこちらも倭館で製造していたのだろう。

しかし、朝鮮米の質の違いからだろうか。あるいは、醸造技術のせいだろうか。倭館産の地酒は、日常用の酒にはなるものの、客を接待するときに使う「上酒」の部類には入らなかったようだ。倭館へは、よく樽に入れた摂津産の名酒が運び込まれてくる。

こちらは、やはり本場ものである。味わい深く、これを飲んだ朝鮮の官僚や商人たちの評判が、すこぶるよい。


日本の名酒を色々と飲みましたが、皆々蜜水のような味です。よく飲まれる上酒は、我国の人も好まれますが、これは味といい、酔心地といいすべてよろしく、（朝鮮の酒とは）少々味が違いますが、日本の上酒はたいそう結構でございます。我国にも名酒がありますが、蜜の味を加えたような焼酒が日本の上酒に匹敵する類で、強いのを第一に造ります。北京やそのほか夷狄の酒には焼酎が多くあります。日本は米が宜しいので、酒においては天下第一と思われます。（『通訳酬酢』）

日本酒は「蜜水のような味」とあり、どちらかというと甘いと感じていたようだ。「強いのを第一」とする朝鮮の嗜好からみれば、日本酒は少しもの足りなかったのかもしれない。しかし北京やそのほか夷狄《いてき》の酒と比較すると、日本酒は「天下第一」とかなりの褒めようである。

ところで請負屋というのは、酒造関係だけでなく、特定の品を藩と契約して運んだり、時には倭館で製造技術を提供する一種の請負業者のことをさす。前にも述べたように、藩から許可がおりると渡航証として請負札が支給されるため、その札の種類と発行数をみれば、倭館では何がどれだけ不足しているかを推測することができる。そこで食品関係の請負札をみると、麴、酒のほか、豆腐、蒟蒻《こんにゃく》、塩から、飴、菓子などの品目がみられる。

このうち最も請負札の数が多いのが、豆腐屋である。原料の関係で蒟蒻屋を兼業する者もいるが、宝永二年（一七〇五）の例で一二人もの豆腐請負札が発行されている。豆腐は江戸時代の日本人にとって、きわめてポピュラーな食品で、重要なタンパク源でもある。後述する倭館の饗応料理をみると、「揚豆腐」「薄焼き豆腐」など、献立のなかに必ず豆腐が登場する。もちろん朝鮮にも豆腐はあるが、日本のと違ってかなり固い。なにしろ豆腐を買うのに縄をもっていき、縛って持ち帰れたというから、日本の諺《ことわざ》にあるような「豆腐のかどに頭をぶつけて死ぬ」などという冗談も通じない。

このほか後で述べるが、菓子も大量に倭館へ持ち込まれ、また職人が現地で菓子作りを行っている。このように主に加工食品のなかでも、酒、味噌、醤油、豆腐、菓子といった日常の需要が高いものは、倭館住民の口に合うよう現地で製造したり、日本産を持ち込むなどして対応していたことが分かる。

二　朝鮮式膳部

倭館住民が朝鮮料理に接する機会は、日常食よりも饗応料理のほうが多い。使者の出入りのたびに外交儀式が繰り返され、その儀式終了後に朝鮮側から酒と饗応料理が供されるからだ。

朝鮮式の饗応料理を、倭館では日本風に「膳部」と呼ぶ。しかし朝鮮料理は、日本と違って料理を小分けして出すことはしない。朝鮮では食膳を「床《サン》」といい、皿、鉢など一〇種類以上の器に盛られた料理を一度に出す。しかもそこには、かならず大小の彩りよい造花（床花）が飾られているから、見ていて華やいだ気分になる。

つぎに享保二十一年（一七三六）二月二日、裁判の浅井與左衛門が実際に受けた「封進宴《ふうしんえん》」の膳部の内容をみてみよう。この「封進宴」とは、諸交渉が妥結して、朝鮮側から出る書契（外交書簡）と別幅《べっぷく》（別紙目録）を受け取る儀式の日の祝宴を意味する。普通は倭館の外にある宴大庁で行われるが、今回はとくに滞在中世話になった担当官への惜別の宴を同日に開くことにしたため、裁判屋での開催となった。

この日正午ごろ、裁判は配下の封進（献上品係）や従者の伴人らを従えて、裃《かみしも》を着して所定の席につく。日本側は、ほかに書契の内容を確認するための東向寺僧、それに別幅の品目（人参・白布・油布・白紬・白木綿・墨・筆など）が規定通りかを確認するために町代官が一名、通詞が二名、同席する。また朝鮮側は、差備官（応接担当官）や訳官の訓導・別差が、従者二〜三名を従えて裁判屋に入る。ともに一礼して書契と別幅を授受し、内容を確認したのち、朝鮮側の用意した膳部が参会者の前に出される。

膳部は、以下のように一五種の器皿に盛られる。

膳部

①切鱈・鱶　高盛　一台　高サ二寸三歩　上ニ　干雉子半も、　干牛　干鮒　花蛸　花蚫

②くわすり　一台　大角くわすり二枚　小くわすり大小六ツ　板くわすり二枚

③蕎麦切　一鉢　④ぶた切ミ　一皿　⑤煮たまご三ツ　一皿

⑥ぶたの煮あへ　一皿　⑦水くり　一皿　⑧生あわび三ツ　一皿

⑨大こん　一皿　⑩ひじき　一皿　⑪いりこ　いの貝　一皿　⑫酢　ちよく一ツ

⑬⑭おこし米赤白　三ツ、　皿二　⑮くるミ　松のミ　なつめ　かき　一皿

（『裁判記録』より）

まずこれら献立の内容を、簡単に説明しておこう。

①「切鱈・鱶」とは、干した鱈《たら》や鱶《ふか》の身を、細かく割いたものである。台の上にうず高く重ね盛るので、これを「高盛」という。高さが二寸三歩（約七センチ）とあるが、普通は五寸以上、高いと一尺（約三〇センチ）くらいのときもある。さらにその上に、雉子《きじ》・牛・鮎《かれい》の肉を干したもの、さらに蛸《たこ》・鮑《あわび》を花びらのようにあしらって置いてある。ここには記入していないが、普通、この高盛は赤や黄色の色紙を用いてきれいに飾り盛りされる。

②「くわすり」は、「花すり」「果すり」などとも記される。小麦粉をねって団子状や板状、角状、魚形、花形など様々な形にして油であげた朝鮮式の菓子をさす。大きさに大中小あり、「大角くわすり」は大きめで、「角」は四角形、また「板くわすり」は板状に仕上げたもの、「小くわすり」は花形などに作られた小さめのものをさす。別の記録に「大豆角くわすり」「大豆くわすり」「大豆長くわすり」「白はぜくわすり」「赤はぜくわすり」などとあり、なかに大豆を入れたり、紅白に仕上げられることもある。

③「蕎麦切」は、ソバを汁とともに金鉢にいれたもの。ここにはないが、鶏のささみ肉・つけ卵（または錦糸卵）・椎茸を上に乗せて食べる。

④「ぶた切身」は、場合によって焼いた牛肉を串にさしたものが出る。

⑤「煮たまご」は、日本でいう「ゆで卵」。

⑥「ぶたの煮あへ」は、豚の腸（はらわた）を煮たもの。牛の腸が出るときもある。

⑦「水くり」は、栗を水につけたもの。慶尚道は栗がよくとれ、とくに蜜《ミ》陽《リヤン》のものが大きくて甘いとされる。朝鮮では、渋皮をつけたまま栗を生で食べる。皮をむいたものを「黄栗」といい、これを煮て「あんこ」のようにして菓子のなかに入れたりする。

⑨「大こん」とあるが、これは漬け物のことである。

⑩「ひじき」は、日本でもお馴染みの海藻の一種である。乾燥すると黒くなる。

⑪「いりこ」は、朝鮮でいう「海参」（なまこ）を煎ったもの。「いの貝」は、「い貝」のことで朝鮮では「紅蛤」と書く。

⑫「酢」は、調味料。少し醤油を加えて「酢じょうゆ」としたり、別の容器に蜜が添えられていることもある。「ちょく」は当て字で「猪口」と書き、日本でいう「おちょこ」形の器のこと。

⑬⑭「おこし米」を、朝鮮では「康正」と書く。蒸した糯米《もちごめ》を乾かして、油で炒ったもの。蘇《す》方《おう》で色づけする。赤白三個ずつ、二つの皿にわけて盛られている。

⑮「くるミ（胡桃）・松のミ（実）・なつめ（棗）・かき（柿）」は、いずれも朝鮮料理につきものの種や果実類である。柿は輪切りにして乾かし、胡桃や松の実（栢子《ぴやくし》）は、しぶ皮まで取り去って保存

する。その季節にとれる果実を「正実」といい、柿のほか桃や梨《なし》が出されることがある。

朝鮮式饗応料理は、さすがに日本料理とは趣を異にする。両者の最大の違いは、なんといっても牛や豚といった獣の生肉を食材に使うかどうかであろう。そのころ猪《いのしし》や鹿の肉を食べる日本人はいたが、一般に獣の肉は「四つ足」といって忌み嫌われ、客を饗応するための料理には絶対に使わない。

今回出された④「ぶた切身」や⑥「ぶたの煮あへ」は、倭館なればこそ遭遇する献立である。ときおり、豚に代えて牛肉の串刺や牛の腸（はらわた）が出ると、きまって「牛のあばら骨」か「牛の足」が横に添えられる。牛の肉は朝鮮では大変なご馳走で、あばら骨や足などは、ついている肉をそぎ落としたうえでスープのだしに使う。しかしもちろん倭館の人々は、あまり牛の肉を好まない。骨や足などはもってのほか、これらは「賞玩の品」（鑑賞用）と理解していたようだ。

もっとも倭館生活が長くなるにつれ、獣肉に接する機会が多くなると、その味のうまさに目覚める日本人もいる。そのうちの一人、通詞の小田幾五郎は、牛肉を最大の好物といってはばからない。ほかにブタ、麞《しょう》（のろ）、海獱（オットセイ）の肉も良いが、鹿の味に似て、いまひとつという。またなんといっても幾五郎の自慢は、朝鮮の人さえ経験したことのない虎の生肉を食べたことである。そのときの様子を、つぎのように語る。

私が二十歳のころでしたでしょうか。ここの通詞屋の山手に虎を追い回し、一日に二匹も仕留めました。その内の一匹を館守家でさばくことになり、館中の者たちに自由に食べよとのことでしたので、私も一～二切れいただきました。味は、老いた牛のごとく油気がありませんでした。皆、体にどんな良い効きめがあるか知りませんでしたが、なにか力強くなったような気がすると申しておりました。（『通訳酬酢《つうやくしゆうさく》』）

何と小田幾五郎は、あの明和八年（一七七一）の虎騒動のとき、館守家で振る舞われた虎肉をつまんだ一人であるという。

虎肉を食べた日本人の感想に、「なにか力強くなったような気がする」とあるのは、強い人間になりたいとする願望なのだろう。ただし幾五郎の見解では、肉食そのものは体のために良いと、どちらかというと肯定的にとらえている。

朝鮮では、強い焼酎で人々が酒盛りをいたしますが、常に肉を食されるので、脾臓《ひぞう》や胃の具合が強くなっておられます。そのためでしょうか。男女とも声の調子が高く、普通の会話をしていても、まるで喧嘩しているように聞えます。とくに女性の声は、尖《とが》るように細く聞こえます。大酒飲みの女中さんが、上下にたくさんおられるのでしょうか。（『通訳酬酢』）

最後のくだりは、幾五郎独特のユーモアである。

ところで幾五郎ほどではないが、倭館の日本人が好物にしている肉がある。朝鮮における肉の調理法として、生肉を煮炊きする以外に、保存用に干して食べることが多い。獣の肉だけでなく、鳥や魚の肉をそいで、岩や石の上に置いて天日で乾かす。これを脯《ポ》といって、一般家庭でも盛んに作る。先の膳部の①に出てきた、干鱈《たら》・干鱶《ふか》・干雉《きじ》子・干牛・干鮶《かれい》などがこれにあたる。

このうち牛の干したものを、「片脯」という。肉を薄く切って、ごま油と醤油の混ぜたものにつけて乾かす。これら干した肉を、倭館の住民は「ひもの」といって、それこそ魚の干物の感覚で好んで食べる。もちろん火であぶって焼いて食べるのだが、朝鮮ではこれを焼かずにそのまま食べる。「本邦（日本）よりわたる処の干烏賊《するめ》も、火にあてずして喰う」（『象胥紀聞拾遺《しょうしょきぶんしゅうい》』）とあり、朝鮮では「するめ」も乾肉感覚で生で食べてしまう。このへんのところが、食慣習のおもしろいところである。

朝鮮料理に、漬け物は欠かせない。キムチといえば、唐辛子をきかせた辛いものを思い浮かべる。近世の初め、この唐辛子が日本から朝鮮へ伝わったことはよく知られているが、量産化されて多用できるようになったのはそう古い時代ではない。むしろ十八世紀ごろ朝鮮の漬け物の味つけは塩が主体で、香辛料としては生姜《しょうが》や山椒《さんしょう》が多く、唐辛子は使ったとしても少量である。漬ける野菜も白菜やキュウリではなく、大根、ネギ、芹《せり》、瓜《うり》などである。『象胥紀聞拾遺』に、ゾック、チ、諸魚肉またはアワビ、魚の腸（はらわた）、牛肉などの塩汁を集め、大根、瓜、茄《なす》などをつける。

とあり、「ゾックク」（塩辛）の「チ」（沈菜）、つまり塩辛キムチや、魚肉などを一緒に漬ける方法が紹介されている。

しかしここでもまだ唐辛子は多用されている様子はみえず、味はやはり塩を主体にしているようだ。素材を刻んで、水を入れて塩漬けにすると、熟成するにしたがって野菜から出る汁液と混じって程よい味わいになる。ちょうど野菜が水に沈んだ状態になるため、朝鮮では漬け物のことを「沈菜《チムチエ》」という、倭館の人はなまってこれを「きみすい」と呼ぶ。いまにいう、「キムチ」の語源である。

したがって膳部の⑨に出てくる「大こん」の漬け物も、ほどよい塩味とみられる。このときは皿に盛っているが、普通は日本でいう天目茶碗《てんもく》（すり鉢状の茶碗）に、刻んだ大根を入れる。朝鮮では漬け物と汁を一体のものと考えており、茶碗に入れるのは野菜が漬け汁とともにヒタヒタ状態になって膳に出されるからである。この「汁がおいしい」といって、朝鮮の人は漬け物汁も余さずに飲む。逆に日本の香の物は、味はともかくとして朝鮮側からすれば「汁がない」と不評である。

最後に、これも朝鮮料理につきものの菓子についてふれておこう。とくに②の「くわすり」は、饗応料理の食膳を、いっそう華やかにひきたてる。この「くわすり」という語は、『交隣須知《こうりんしゆち》』（対馬で編纂された朝鮮語学習書）の「蜜果」の項目に、ハングルで「カスリ」と書かれた横に日本語で「クワシ」（菓子）という振り仮名がつけられている。また『捷解新語《しようかいしんご》』（朝鮮で編纂された日本語学習書）巻二にも、「くわし（菓子）」の日本語に「カチュル」というハングルがあてられていることから、菓子を意味することは明らかである。日本の食文化史に詳しい橋爪伸子氏の研究（「埋もれた朝鮮菓子」）によると、室町期から江戸期にかけての茶会記や饗応記録に、「くわすり」という菓子名が散見するという。これは朝鮮菓子が茶会の席で用いられていたことを示すもので、日本の伝統文化と朝鮮の菓子文化がこのような形で融合していたことに驚かされる。

朝鮮の菓子について、通詞の小田管作はつぎのように説明している。

菓子色々あり。薬果（は）小麦に蜜を和《なごま》し、油にてあげ、または肉桂を小麦に和し、蜜を加ゆ。蒸したるもあり。（中略）薬果、大中小あり。魚形などをなす。こむぎの粉に焼酒・蜜を和して製し、真油にてあげる。また茶食果というあり。羔果に似たり。肉桂などを加ふ。また糯のいら（?・）をつける。色々にいろどるを、色茶果という。（『象胥紀聞拾遺』）

また朝鮮には「餅菓《ピヨングワ》」という言葉があり、餅も菓子と同様、色とりどりに、また蜜などをつけて食べる習慣があり、日本人への饗応料理にもしばしば出される。これも小田管作の説明をみてみよう。

餅色々あり。餅に石茸《しいたけ》を貼りて、蜜をさして喰うものあり。豆の粉とりの団子(?)多し。時分により松黄を用う。あるいは棗《なつめ》・栗・松の実などをまぜ、さまざまに出来る。また栗をアンにしたものあり。五色に彩る花煎というのは、粳《うるち》の餅を板に入れ花形をなし、油にあげ、春節にはツツジの花を貼りてあげるものあり。何れも蜜をさして喰う。飴を和《なごま》したるものあり。

ここに出てくる、「花煎《かせん》」というのがおいしそうだ。ところで小田幾五郎は、顔なじみの訳官にこれを作ってもらったことを、『通訳酬酢』のなかで書いている。

「以前、お約束しました花箋を用意しました。後遠(倭館西側の佐須党原)へ行って、楽しみましょう」と訳官がいうので、敷物をもって倭館を出る。席中、鍋に胡麻油だけをしかける。粉と餅を小皿(ぐらいの大きさ)に薄くのばしたものに、躑躅《つつじ》の花を一輪ずつそえて揚げ出し、清蜜(蜂蜜)をかけて勝手に食べる。朝鮮で、客の接待にこれほど結構な振舞料理はないのだけれども、膳部には出てこない。

『朝鮮の料理書』の煎花法《ジョンファポプ》によると、粉は糯米《もちごめ》にそば粉を少し混ぜたのを使い、花はツツジでもバラでもよいという。ひとつまみずつちぎって、油でカリカリになるまでいため、少し冷めてから蜂蜜をかける。

これが倭館の膳部の献立にないのを、幾五郎はしきりに残念がる。そういえば前にみた『愚塵吐想』の著者によると、訳官のいる誠信堂の裏手の山が、ツツジの名所であると記している。おそらく、この日のために山にのぼって摘んできたのではないだろうか。春うららかな陽だまりのなか、野辺に異国の友をもてなす情感あふれたひとときが目に浮かぶようだ。

三　グルメの宴は「杉焼料理」

朝鮮式饗応料理は、おおよその献立、品目、数量ともに昔から規定されている。しかし、倭館の壁書に「朝鮮人参会《さんかい》の時は各別」とあるように、逆に日本側が提供する料理には規定がない。どのレベルの料理を出すかは、参会する朝鮮役人の格、あるいは会食の目的によって異なってくる。

ここにいう「朝鮮人参会の時」の料理とは、二つのタイプにわかれる。ひとつは、予定外のもので、たまたま会合が長引いたりして会食におよぶ場合である。酒とともに干うどん、あるいは素麺《そうめん》・すいとんなどを中心とした簡単な食事が出される。もちろん交渉ごとや会合が多ければ、連日におよぶこ

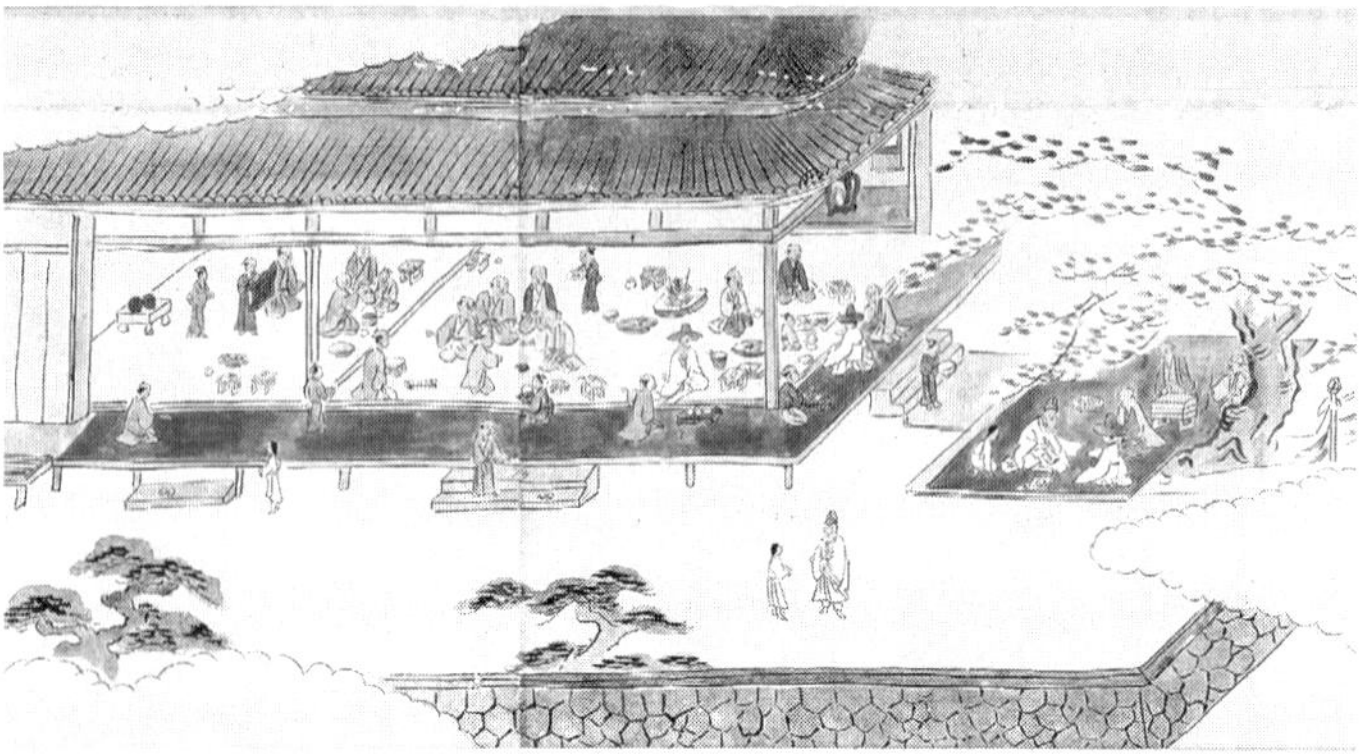

図６－１　館守屋での宴会　『朝鮮図絵』京都大学附属図書館所蔵 谷村文庫

とも珍しくない。

もうひとつは、新年などの祝日や儀式後の宴会、あるいは倭館で「掛合《かけあい》の料理」と呼ばれる交歓会（ここで重要な交渉ごとが進められることが多い）での饗宴である。こちらの料理は、参加するメンバーも含めて前もって予定されているだけであって、かなりの豪華料理が期待される。

しかしその内容を知ろうとすると、けっこう難しい。倭館の記録類をみると、朝鮮側の応接を確認するためであろうか、朝鮮式「膳部」についてはけっこう詳しく書いてある。日本側の提供する料理についても、規則では「其度ごとに、献立まで書き載せよ」（『給假使條書』）としている。が、実際の記述となるといまひとつである。ほとんどが単に「会食した」とか、「二汁七菜の料理を出した」などという簡単な記事だけである。どんな献立だったのか。ましてや使用した食材などにいたってはほとんど記録に出てこない。つける側にあまり関心がない、というところが本音なのかもしれない。

ところが珍しいことに、先ほど朝鮮式膳部の所で引用した浅井與左衛門の『裁判記録』（全八冊）は、日本側の出す饗応料理の内容が非常に詳しく書かれている。浅井與左衛門は、享保《きょうほう》十九年（一七三四）十一月、「公作米加限裁判《こうさくまい》」（朝鮮米輸入期限を更新するための交渉官）として倭館へ入館し、帰国するまで一六ヵ月間滞在する。この間、朝鮮側の交渉官や通訳官らを相手に、数々の「朝鮮人参会の時」の料理を振る舞うが、そのうち一八回分について（すべて計画された饗応料理）の献立が、詳細に書き留められているのである。

内容は、本膳・二の膳……などと料理を出した順にあわせて、献立の構成、用いた食材、時には味つけ、食器の種類までにもおよぶ。その部分だけを切り取ってみると、さながら料理本を見るがごときである。一風変わった異色の記録を残すことを厭わなかった浅井與左衛門は、もしかしたら対馬随一のグルメかもしれない。

［表6‐2］は、その一八回分の会食が開催された月日、それと献立の種類を示したものである。もちろんこれ以外にも、饗応料理に出されているが、あくまでも献立や食材等の詳しいことが分かるケースに限ってみるとこうなる。興味深いことに、倭館の饗応料理の献立には、きわだった特徴がみられる。「杉焼」という料理が、一八回の宴会のなかで八回も登場することである

［表6‐2］のなかで「その他」というのは、とりたててメインと呼べる献立はなく、単に日本料理

表6-2　献立・食材が分かる浅井與左衛門の饗応料理（一八回分）

享保19年		
1	12月15日	鴨鍋
2	12月25日	杉焼
享保20年		
3	1月29日	杉焼
4	2月15日	その他
5	2月19日	その他
6	3月1日	その他
7	3月13日	その他
8	閏3月22日	杉焼
9	4月9日	杉焼
享保20年		
10	4月23日	その他
11	5月25日	杉焼
12	7月27日	杉焼
13	8月17日	杉焼
14	8月25日	その他
15	11月1日	杉焼
16	11月29日	鴨鍋
享保21年		
17	1月4日	新年
18	2月2日	封進宴

を並べたもの。「新年」「封進宴」は、儀式の日の特別料理である。これに対して「鴨鍋」とか「杉焼」とかは、「今日は……料理を食べた」といえるような、中心となる献立がまずあって、それを取り囲むような形で料理が構成されていることを意味する。

「杉焼」が多いのは、浅井與左衛門のときに限らない。食材など細かな内容は分からないが、館守の『毎日記』や『裁判記録』など他の記録をみても、「杉焼を振る舞った」という類の記事が目につく。倭館の宴に杉焼の供される頻度が高いということは、それだけこれが人気料理として定着しており、また裏をかえせば倭館料理の得意技ということにもなろう。

倭館の人気料理「杉焼」とは、そのころ日本で一般に好まれている料理である。杉焼には、「杉箱焼」と「杉板焼」の二種類ある。杉箱のなかに味噌をだし汁でといて、鯛や時には鳥肉を中心に野菜を入れて煮るのが杉箱焼、杉板の上に乗せて焼くのが杉板焼で、ともに杉の移り香を楽しみながら賞味する（『日本料理法大全　続』）。

このうち倭館で出されるのは、「汁　杉焼」と記録にあることから、杉箱焼のほうであることが分かる。季節に関係なく出されているが、一月・閏三月・十一月・十二月に出されたものに限って「杉焼　銘々鍋」とあり、四月・五月・七月・八月にはその記載がないので、冬から春にかけての寒い時期は、火にかける際に杉箱をすえる鉄器をそのまま個々の食膳に備えていたようである。

杉焼料理は、浅井與左衛門の時代から一〇〇年後に書かれた、小田幾五郎の『通訳酬酢《つうやくしゆうさく》』のなかにもさかんに登場する。幾五郎が朝鮮の人に「日本料理のうち、何がお口にあいますか?」と問いかけると、きまって「第一に杉焼、第二は鮟鱇《あんこう》、第三は濱焼《はまやき》と素麵《そうめん》」と、真っ先に杉焼料理をあげるという。そこで幾五郎は、杉焼にまつわるいくつかのエピソードを書き留めている。


杉焼と鮟鱇料理は、本当に朝鮮の方々が好まれますね。先日、東萊《トンネ》府使が宴享に来られたとき、ご依頼に応じて杉焼を調理いたしました。格別お気に召されたようで、余った分は官女（女楽人）へも下げ渡され、宴大庁までもお取り寄せになられて召し上がられておられました。杉焼は府使に限らず、都から下ってこられた両班《ヤンバン》の方々もお好みになられ、「日本の味噌の味わいがよろしい」と申されておられるとか。かつて訳官を勤められた朴士正《パクサチヨン》（俊漢）殿はこれをとくにお好みになられ、（来日されたとき）対馬滞在中は朝夕に、また帰国の船のなかでも（当方が用意し

表6－3　杉焼に使用された食材

料理日 材料	享保19年 12月25日	享保20年 1月29日	享保20年 閏3月22日	享保20年 5月25日	享保20年 7月27日	享保20年 8月17日	享保20年 11月1日	使用頻度 （回）
鯛	○	○	○	○	○	○	○	7
あわび	○	○	○	○	○	○	○	7
卵	○	○	○	○	○	○	○	7
揚豆腐	○	○	○	○		○	○	6
大根	○	○	○		○	○	○	6
菜	○		○	○	○	○	○	6
柚	○	○	○		○	○	○	6
ねぎ		○	○	○		○	○	5
ひじき			○	○	○	○		4
里いも	○	○	○				○	4
牛蒡	○	○					○	3
せり	○	○					○	3
ほだわら	○	○						2
なす				○	○			2
白かぶ				○				1
はけ					○			1
さざえ						○		1
若和布							○	1
材料数	11種	11種	10種	9種	9種	10種	12種	

て）お出しいたしました。そのうえに土産用までもご所望になられるので、小樽二〜三丁に詰めて差しあげましたら、（帰国後）都から（釜山へ）来られたご重役がたへ振る舞われたと聞きます。このほか（日本）土産に、「保命酒」を一〜二瓶お持ち帰られたということですが、その評判は分かりません。「日本の上酒と、味噌の嫌いな朝鮮人はいない」などと聞いております。（『通訳酬酢』）

倭館の塀の外の、宴大庁までも杉焼の「出前」をしたこと、なかに熱烈な〃杉焼のファン〃がいて、樽詰めにして日本土産にした、などという実話が紹介されている。

ところで杉焼は、倭館出入りの朝鮮の人々に、なぜこれほどまでに愛されたのだろうか？　小田幾五郎は、その評判の高さを日本の味噌の風味ととらえているが、うまさの秘訣はそればかりではないだろう。つぎに、杉焼料理の食材に注目してみよう。

［表6‐3］は、浅井與左衛門が催す八回の杉焼料理のうち、食材の組み合わせが完全に分かる七回分について、使用された材料を、使用頻度の高い順に並べたものである。すなわち上段にある鯛・あわび・卵の三種は、すべての杉焼に使用されており、これが「定番」食事であることが分かる。

では、ほかの料理はどうだったろうか。冬場に鍋料理として二回催された、「鴨鍋」の材料と比較してみよう［表6‐4］。

表6‐4　鴨鍋の材料

享保19年12月15日開催
鴨・延かまぼこ・大根・牛房（ごぼう）・せり・若和布（わかめ）
里いも・あげ豆腐・ほだわら・ゆ（柚）
享保20年11月29日開催
鴨・な・せり・牛房・若和布・大根・あげ豆腐

このように鴨鍋の材料のほうには、鯛はもちろんのこと、あわび・卵も入らない。

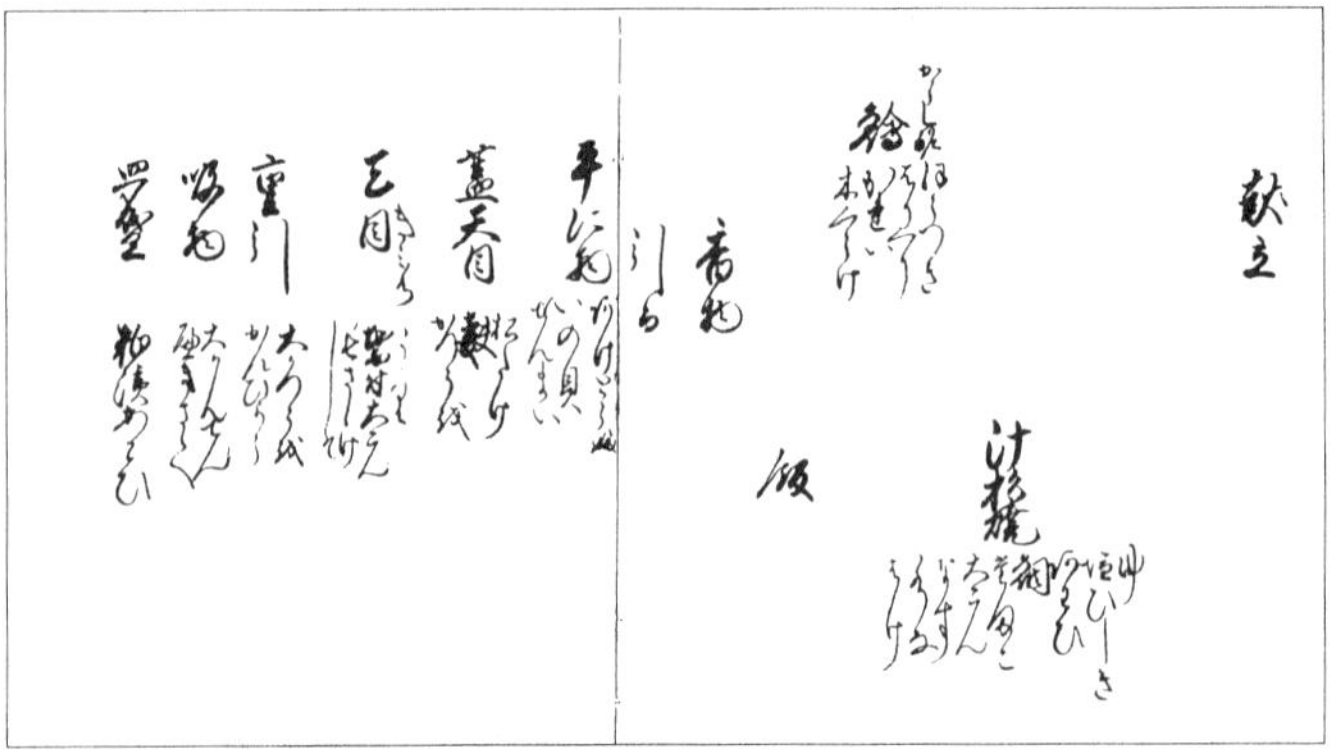

図6－2　『裁判記録』の杉焼の部分（原文）　右下に汁杉焼の献立があり、その中央に「鯛」の文字がみえる。『裁判記録』（国立国会図書館所蔵）より

さらに『裁判記録』の杉焼料理の部分を原文でみると、「鯛」は必ず中央に、文字は心なしか大きめに書かれている。これは「定番」食材三種のうち、真の主役は鯛であるという、書き手の側のメッセージである。鯛は「腐っても鯛」という。真に優れたものの代表にたとえられるように、深い味わいの、それゆえに高価な、魚料理の食材としては最上級の一品である。

ふたたび、さきほどの［表12］杉焼に使用された食材、に注目してみよう。杉焼の材料として、鯛・あわび・卵についで多いのが、六回の使用が確認される揚豆腐・大根・菜・柚である。こちらは、「準定番」食材というべきであろう。また［表6-3］の下の材料数をみると、一回の杉焼に使用される食材は少なくても九種類、多いと一二種類も用いられていることが分かる。本来、日本で調理される杉焼は、三〜四種類の材料しか使わない（『日本料理秘伝集成』）。したがって倭館のほうは、「本家」の三、四倍という、かなり多彩な食材を使って調理されていたことになる。
倭館の宴に供される杉焼料理の人気の秘密は、魚料理のなかの王様「鯛」を中心に、彩りとボリューム感の出る「卵」、味と歯ごたえの良い「あわび」を必ず使い、豊富な食材を日本の味噌とともに煮込んだところにある［図6―2］。えてして、日本料理は味は良いが、一度に出ないで小出しにする点が、中国や朝鮮の料理と違うとされる。味わい満点、ボリューム満点に改良された〝倭館版杉焼料理〟は、日本料理と朝鮮料理の長所を結集させた、それこそ両国の食文化が交差する倭館にふさわしい献立として、グルメたちに末長く愛好されたに違いない。

四　華麗なる饗応料理

「杉焼」や鍋料理以外の、倭館における本格的な饗応膳は、どのようなものだったのだろう。実例として、享保二十一年（一七三六）二月二日浅井與左衛門が催した惜別の宴のときの料理をみていこう。当日は「封進宴」にあたり、先に示した朝鮮「膳部」の後に、日本料理が供されている（次頁［表6―5］）。

このときの料理は、「本膳」（①〜⑤）「二の膳」（⑥〜⑧）、「引て」（⑨〜⑯）、「後段」（⑰〜㉚）で構成される典型的な日本料理の饗応膳である。まず、各自の前に「本膳」と「二の膳」がすえられる。

表6－5　倭館饗応料理の一例

膳	品目	内容
本膳	①煎酒	俄わさひ　小たゝミ　はね鯛　海そうかん　ほうつき
	②汁	めうと　せい　小いの貝　小かき　椎茸　よめな
	③香物	いろいろ
	④飯	
	⑤坪煮物	薄くす　せん切こ　ぎんなん
二の膳	⑥小平	敷ミそ　焼くり　さき庭鳥　山のいも　れんこん　ていれき　つくし
	⑦汁	白魚　にんにく
	⑧天目	ひたし　しゆんきく　岩たけ　枝くるミ
引て	⑨大皿	かけ汁　小鯛
	⑩太平	松たけ　車ゑひ　つとかまほこ　角切二色たまこ　牛房　青ミ
	⑪木貝引	焼雉子
	⑫吸物	ひれ　切ミ
	⑬・⑭	取肴二種
	⑮茶菓子	くす巻　敷さたう
	⑯鉢菓子	なし　久年母　水くり　氷さたう
後段	⑰吸物	おこぢ　ちやせんねき
	⑱重引	大かつうを　麩
	⑲皿盛	すミそ　さしミ　うを　せり　色かんてん
	⑳蓋天目	ぶた　ねき
	㉑猪口	もづく
	㉒吸物	しゝみ
	㉓重引	干鮎
	㉔小皿	とこぼし漬　花かつうを
	㉕吸物	めばる　木のめ
	㉖・㉗・㉘	取魚三種
	㉙緑高菓子	やうかん　大らくかん　おへりやす
	㉚惣菓子	榧実　五花糖

①は生魚・野菜などからなるいわゆる「鱠《なます》」で、調味料として「煎酒《いりざけ》」（酒・醤油・酢・鰹節などを煮つめたもの）を用い、「はね鯛」（鯛の刺身）にはワサビが添えられている。

⑤坪には規定通り煮物が入れられ、ここではせん切りにした「こ」（海鼠＝なまこ）が用いられている。③香物の内容は不明だが、通常は朝鮮式漬け物「きみすい」（前出）が出る。他の饗応料理に出された「きみすい」の材料を参考までに

列記しておくと、芹《せり》・葉付大根・長ささげ（豆の一種）・きゅうり・うり・しそ・九年母《くねんぼ》（みかんの一種）など、さまざまである。

「二の膳」の⑥は小さめの平皿に味噌を敷き、その上に鶏肉をさいて乗せてある。⑧天目とはすり鉢状の茶碗のことで、普通ならばここに猪口《ちょく》が用いられる。それに代わる大きめの器のなかに、ゆでてお浸しにした春菊などが入っている。また本膳・二の膳にはそれぞれ汁物がついており、このうち②は味噌仕立、⑦はすまし汁が決まりである。このように、「本膳」は飯・汁・鱠《なます》・香物・煮物、また「二の膳」は汁・平皿・天目（通常は猪口）で構成される、「二汁五菜」の基本通りの献立である。

「引て」というのは、「引き（＝客に薦める）物」のことで、「引肴《ひきざかな》」ともいう。最初から膳の上に並べずに、台引の上に置いて、給仕人が客に薦めながら取りまわす料理である（『日本料理秘伝集成』）。今回の「引て」は、全部で八種類の料理が用意されている。⑨大皿に盛られた小さめの鯛は、上に汁がかけられていることから、おそらく煮魚に調理されたものとおもわれる。⑩大きめの平皿に盛られた「つとかまほこ」とは、「苞《つと》（藁や竹で包む）蒲鉾《かまぼこ》」のことである。

ここの主役は車えびで、これに松茸・蒲鉾・四角に切った二色卵・ゴボウを添え、さらに青み野菜で鮮やかな彩りを演出している。⑪の木具《きぐ》引とは、木具（檜の白木で作った用器）に入れて、客の間を引きまわす。このなかに、焼いた雉子《きじ》が詰められている。また菓子もコース料理のなかで、重要な役割を演じる。とくに⑮に茶菓子が供されていることから、中途に茶が用意されていたことが分かる。

菓子類については、あとで触れる。

「後段《ごだん》」というのは、饗応の食後、さらに他の食べ物を出すことである。日本料理のセオリーにしたがえば、ここでは正餐《せいさん》（この場合、本膳・二の膳）よりも軽めのもの、たとえば雑煮、すいとん、うどんといった麺類などが出される。ところが、この日の後段は、何と一四種類もの献立が並ぶ。それも⑲に再度、刺身が盛られ、また⑳には倭館らしく獣肉「ブタ」が調理されている。蓋天目（蓋つき天目茶碗）に入れられていることからみて、おそらく豚の煮込みとおもわれる。

⑱・㉓の重引とは、重箱に盛りつけて客の間を引きまわす用器で、それぞれに大かつお・干鮎が入れられている。⑰吸物に入れられた「おこぢ」とは「おこぜ」のことで、背に針のあるカサゴ科の魚である。『大和本草』に「魚虎魚」とあり、面構《つらがま》えはすごいが、刺身にしても煮てもおいしい魚である。また、ここでも菓子が供されている。㉙縁高とは、縁を高くした折敷《おしき》（四方に縁をつけた角盆）の略である。

以上みてきたように、この日本料理は、本膳・二の膳が二汁五菜、引て八種、後段一四種という構成である。普通、これだけ多くの料理を用意するのであれば、二の膳だけで終えずに、三の膳・与《よ》の膳……などと続けてもよさそうなものである。そうしないで、むしろ「後段」にドッと本膳を凌ぐほどの豪華膳を出しているのは、朝鮮側に不評な料理の小分け配膳を避けたためと考えられる。外観（とくに前半）は、完全な日本料理の規式を踏みながら、後半に朝鮮風を意識した配膳法をとる、倭館ならではの折衷方式といえる。

しかもこの日の料理を作るにあたり、使用された食材を数えると、分かるだけで七一品にものぼる。このほか献立内容は不明だが、別室にいる朝鮮側の従者二三人へも、それぞれ「一汁三菜の料理」が振る舞われたと記録にある。外国というハンディを乗り越えて、これほど多くの献立を提供できる倭館の〝食の環境〟に、いまさらながら驚かされる。そこには、おそらく確かな腕をもつプロの料理人の存在があったと思われる。

では、日本料理を食べた朝鮮側の反応はどうか？　まともに問えば、「鰹《かつお》のダシがきいて、とてもおいしい」「汁の味も軽く、いずれも良き塩梅《あんばい》です」（『通訳酬酢』）などと色よい返事がかえってくる。しかし、これはどうも社交辞令的な感じがする。御馳走してもらって、「おいしくない」とはなかなか言えるものではないが、本音はどうだったのだろう。朝鮮で編纂された日本語学習書『隣語大方』の、つぎの二つの会話例文（原文のまま）から探ってみよう。

例文1、日本の料理のしやうは、我国のしやふとは違ひますれども、器物でも皆きれいに御座るゆへ、たとえ他国の食物でも給《たまい》まするに、よふ御座りまする。

例文2、（日本の料理は）食物も食物で御座りますれども、器がきれいに御座るゆへ、たとえ味の無ものでも結構におぼへまする。

よく、日本料理は盛りつける器と一体化しており、日本の美が食文化に溶け込んでいるといわれる。この会話は、そうした器の美しさを褒める文例であるが、その反面「日本の料理のしやう（作りかた）は、我国のしやふとは違ひます」、あるいは「たとえ他国の食物でも」「たとえ味の無ものでも」といった表現には、やはり異国の伝統料理になじめないマイナス・イメージを漂わせている。おそらく、「日本料理は、朝鮮料理と比べて味が薄い」「さっぱりし過ぎている」といったところが本音なのだろう。

ただし、いつも朝鮮側から「絶品」ともてはやされていたのが、日本の菓子である。華麗なる饗応料理は、菓子類の多彩さからもうかがえる。菓子は食後に出ることが多いが、献立によっては食前、あるいは今回のように食中にも組み込まれる。食べても良いが、土産に持ち帰ることも多い。また贈答用としても、単独に用いられる。

この日出された菓子を列記してみると、葛巻《くず》・敷砂糖・羊羹《ようかん》・大落雁《らくがん》・おべりやす・五花唐《ごかとう》・氷砂糖などの干菓子、蒸菓子、砂糖菓子の類、それと梨・九年母《くねんぼ》・水栗・榧実《かやのみ》などの果実類、合わせて一一種類にものぼる。

朝鮮では、甘味料に蜂蜜や水飴を用いる。砂糖は南方産のため、めったに手に入らず貴重品あつかいである。ところが日本の菓子は、その高価な砂糖のなかでも最上質の白砂糖をふんだんに使う。このため、ひとたび賞味した朝鮮の人は、「誠に風味がよろしい」「氷砂糖・五花糖は別品」（『通訳酬《つうやくしゅう》酢《さく》』）などと褒めそやす。

つぎの［表6―6］は、浅井與左衛門が倭館滞在中、饗応の席や贈答（重箱に入れて贈る）で用いた菓子類のうち、取り合わせが完全に分かる二〇回分について、使用頻度の高い順に並べたものである。果物を入れると、合計三二種類の菓子が、延べにして一〇一回用いられている。一回を平均すると、五種類ほどの菓子が出てくる勘定となる。なかでも多い「五花糖」「落雁」「おべりやす」そして「榧実」は、とくに朝鮮好みの菓子といっていいだろう。

このうち「五花糖」というのは、日本からの私貿易輸出品であり、贈答品としても好まれた菓子である。『交隣須知』に

表6―6　浅井與左衛門が供した菓子類（回数／二〇回中）

五花糖（9）（大・小）落雁（9）おべりやす（8）（花）ぼうる（7）
ようかん（6）（中・小）りん（5）けんぴやき（5）水挽まさら餅（4）
砂糖漬（4）（大・小）みどり（2）くず巻（2）敷き砂糖（2）
砂糖かや（1）氷砂糖（1）養命糖（1）かるやき（1）朝日焼（1）
麩の焼（1）松風（1）御取餅（1）醒井餅（1）ふわ餅（1）
菊花餅（1）まさらかん（1）巻せんべい（1）かすていら（1）　以上26種

榧実（8）柿（4）九年母（4）みかん（3）梨（3）栗（2）　以上6種

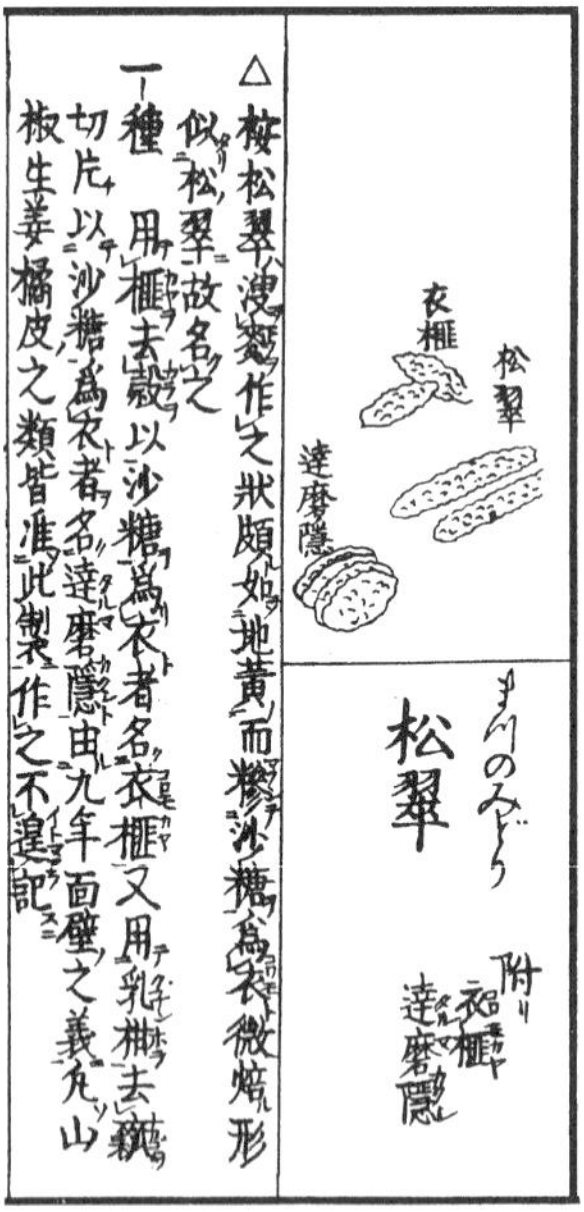

図6－3　松翠などの和菓子
『和漢三才図会』より

> 五花糖ハ、シロサトウ（雪糖）デ、コシラエル

と説明されているように、やはり白砂糖で作られているところに人気の秘密がある。日本では「糖花」「渾平糖《こんぺいとう》」などと呼ばれ、花模様の小粒の砂糖菓子である。

「落雁」は、いまも馴染みの深い干菓子のひとつで、ここにも砂糖が使われている。

「おべりやす」というのは、聞きなれない名だが、「かすていら」と同様、南蛮菓子の一種である。語源は、オランダ語の菓子名 oblie（en）からきている。日本では、なまって「おいりやす」「ヲベリイ」「オペリイ」などともいわれる。焼き上りが花模様に見えるため、「花かすていら」などの別称でも知られる。卵・砂糖・小麦粉を混ぜて、型に油を塗って焼く、いわゆるワッフルのことである。対馬藩は、中継貿易のため、また朝鮮漂流民の迎送のためにも、オランダ商館のある長崎出島の対岸に藩邸を構えており、こうした珍しい南蛮菓子に接する機会が多かったようだ。

このほか、「松風《まつかぜ》」は煎餅《せんべい》の一種。「みどり」とは松翠《まつのみどり》のこと。小麦粉をこねて上に砂糖をまぶし、細長い楕円形にして焼いたもの。いずれも『和漢三才図会』に絵入りで紹介されている。また「けんぴやき（犬皮焼き）」も、材料に卵・小麦粉・砂糖を用い、団子状に丸めて焼いたものである。

果実のなかでよく出る「榧実」は、榧の木になる実で、正月など祝の膳によく使われる。日本の四国・九州地方でよく採れ、また南朝鮮でも採れる。しかし「九年母《くねんぼ》」と「みかん」は、済州島を除いて朝鮮半島ではまったく育たない。

このため九年母（朝鮮では「柑子《カムジャ》」という）は、済州島の珍品として国王への献上品に指定されている。毎年冬至の日、歴代国王の宗廟前にこれをそなえ、宮中の近臣たちへも頒賜《はんし》するのが慣わしである（『朝鮮歳時記』）。ところが寒い年だと、済州島ですら九年母が育たないときがある。こうなると、入手経路は倭館に頼るほかない。倭館饗応の席は、国家的な必需品を含め、朝鮮に産しない数々の珍品を得るための窓口ともなる。

華麗なる饗応膳のやりとりは、単に倭館出入りの朝鮮役人たちや、相伴《しょうばん》にあずかった倭館の人々を喜ばせていただけではない。頻繁な食の交流は、相互の異質な食文化に対する理解度を高め、そこから新たなる交流の場を開くもとになる。倭館における食文化交流の実績は、その先さらに重大な局面へとつながっていく。すなわち朝鮮通信使の来日のとき、江戸城をはじめ沿道の各地で供される饗応膳へのアドバイスである。

朝鮮通信使の饗応料理は、基本的には日本料理である。とくに三使（通信使の正使・副使・従事官のこと）に対しては、武家社会の儀礼膳のなかで最高レベルといわれる七五三膳（吉数である七五三にあわせて膳立を決める）・引替膳・追膳など、あるいは三使以外の使員へも七五三膳、五五三膳、三汁一五膳、二汁一〇菜、二汁七菜……などの料理が供される。

しかもこれら通信使の饗応料理は、回を重ねるごとに円熟味を増していったといわれる。来日前、大名家や幕府からの問い合わせに応じて、対馬藩から食材や調理法に関する情報が、提供されるようになったためである。その内容をみると、基本的に変わらない白米・味噌・醤油・酢・塩・胡麻油などは前例を踏襲するが、野菜や鳥・魚介類・菓子類については、時代が経つにつれ種類までも細かく規定されるようになっている。

朝鮮に肉食の習慣があったことは、初回の通信使来日のとき、牛や豚が宿所へ届けられたことを考えると、古くから知られていたようだ。彦根の宗安寺に、今も高麗門あるいは黒門と呼ばれる特別の門がある。ここは通信使の宿所になっており、殺生《せっしょう》を禁じている寺としては、いくら賓客のためとはいえ生肉用の「四つ足」を正門から入れることはできず、獣肉搬入用に特別に門を作らせたものである。

これを料理するのは、使節一行に加わっている刀尺という料理人（正徳期、一七一一年の例で七名）である。ほとんどが朝鮮で白丁《ペクチョン》と呼ばれる食肉業者で、かられが宿所などへ運び込まれた牛・豚・犬・鹿などを解体して獣肉を調理する。

しかし、材料を運ぶからそちらで調理しろというだけでは、外国からの賓客に対していかにも素っ気ない。通信使が通る山陽道の要所、岩国（山口県東端）には、鳥肉・獣肉・魚・野菜・菓子・酒など、通信使が好む素材や料理を列記した正徳期（一七一一年）の書物『信使通筋覚書、朝鮮人好物附之写』が伝わる。このなかに、焼き肉の作りかた、内臓の食べかた、肋《あばら》の処理とカルビの作りかた、それとキムチの作りかたなどが、こと細かく紹介されている。接待役を仰せつかった者が、朝鮮料理にチャレンジしようというのだ。ここのキムチの項目をみると、「沈菜《チムチェ》」に倭館なまりの「きみすい」の字をあて、材料に大根・芹・茄子・きゅうり・瓜・もやしなどを指定している。水に塩を入れてそこに野菜を入れ、二〜三日すると酸っぱくなるのでそれが食べごろ。朝鮮の人は肉食なので身体が熱し、それゆえこの「きみすい」を欠かすことができないなどと、かなりの専門知識が盛り込まれている。日ごろから朝鮮料理作りの実績を重ね、本場の味を知っている者でなければ書けない内容である。おそらく情報は対馬藩から得たもの、これこそ倭館における日朝食文化交流で積み上げた経験の成果といえる。

また通信使へ出す料理は、肉でありさえすればなんでも良いかというと、そうはいかない。たとえば瑞鳥《ずいちょう》（めでたい鳥）の代表とされる鶴の肉は、将軍家などでは正月膳の吸物に入れて賞味するが、通信使へは出してはいけない。朝鮮の人は、鶴は「鳥類の頭」「立身の鳥」（『通訳酬酢』）などと言って、瑞鳥であるがゆえに食せば出世の妨げになるとしている。

図６－４　七五三料理　五の膳（レプリカ）　右上が杉焼料理。『安芸蒲刈御馳走一番』（下蒲刈町刊）より。

そういえば通信使が儀式に臨むときの赤い朝服の胸の部分に、文官の象徴である鶴が描かれている。二羽描かれていれば堂上官（正三品の上階より以上。国王の面前にのぼることができる高官）、一羽であれば堂下官というから、それを料理してしまっては大変な失礼にあたる。通信使の「好物」と「禁物」は、饗応の側に徹底して伝えておかなければならない。

ここで通信使の「好物」が、三使へ供される七五三の料理のどの部分に反映されていたかをみてみよう。まずこの饗応膳の献立のどこかに、倭館で最も人気の高い「杉焼」が、必ず組み合わされる。また汁物の前に、日本では使わないスプーンが置かれる。味つけ用に、塩や味噌などが食卓に添えられる。日本料理を薄味と感じる、朝鮮の人への心遣いである。

菓子は、南蛮菓子など珍しいものを含めて、とくに白砂糖を原料にしたものが多く選ばれる。水菓子は、朝鮮で珍しい柑橘類を必ず入れ、季節によってみかん・九年母・きんかんなどを使いわける。とくにそれが青々とした「葉つき」であることが、指定される。彩りとともに、産地直送という新鮮さを演出するためだ。

異国の人をもてなすためには、周到な準備と心遣いが必要とされる。しかしそれもこれも、相手の食習慣をどれだけ理解できるかにかかっている。通信使の饗応料理を任された料理人たちは、この国家的な行事の大役をこなすにあたり、対馬藩の人々が日ごろ倭館で積み上げた情報の収集に余念がなかったに違いない。かれらは、与えられた条件のなかで精一杯の腕をふるうことになる。

いっぽうその技を饗応の場ごとに間近に見ることのできたのが、やはり対馬藩の人々である。この体験が、ひいては倭館饗応料理への新たな刺激となったことは充分考えられる。日朝の食文化交流のなかから生まれた華麗なる饗応料理は、日常的な倭館と、非日常的な通信使来日の双方の場において、より一層の深化をとげていったのであろう。

おわりに

倭館の研究は古く、一九二九年の小田省吾氏の論文「李氏朝鮮時代に於ける倭館の変遷」に始まる。その三年前に、対馬厳原と東京にあった膨大な古文書『宗家文書』の一部が、京城（現ソウル市）に置かれた朝鮮総督府朝鮮史編修会にはいった。しかしこの時代、これらの史料の利用は限られた者しか許されておらず、研究者がその存在を知るのは一九七〇年代にはいってからのことである。そのころ対馬島内に残された『宗家文書』は、木造の倉庫内に積み上げられたまま長い眠りについていた。この宗家文庫の整理作業が開始されたのは、一九七〇年代後半からである。したがって小田省吾氏が倭館を研究するためには、朝鮮側に残された役所の記録に頼る以外になく、たとえば住民たちの日常を探ることなどは至難のわざであった。本書にこれだけ詳しく倭館のことが書けたのは、ひとえに『宗家文書』の閲覧が可能になった現代なればこそである。

筆者に、倭館についてまとめるよう勧めてくださったのは、以前、国際日本文化研究センターで行われた共同研究で主幹をつとめられた山田慶兒先生である。そのころ大部の専門書を仕上げたばかりだったことから、勢いでお引き受けしたはいいが、完成までに意外と長い月日を費やしてしまった。倭館について、分かっているようでいて、実は基本的なことが何も分からず、原史料にいくども戻って確認しなければならなかったからである。しかし書き進むうちに、今度は多くのことを削らなければならなかった。当初の予定では、倭館の終焉までも書きたかったのだが、とうとう閉館できずに紙数のほうが尽きてしまった。残された多くの課題は、いずれまた機会をみて発表したいと考えている。

本書は、はじめ文藝春秋社より『倭館　鎖国時代の日本人町』（新書版、二〇〇二年八月）と題して刊行された。しかし幸か不幸か、数年を待たずして「完売状態」となり、購読を希望される皆様には大変なご迷惑をかけることになってしまった。二〇一〇年、ゆまに書房から新たに選書版シリーズ「ゆまに学芸選書」が創刊されることになり、新書版にかなりの加筆修正を施した増補改訂版をこのシリーズに加えていただける幸運に恵まれた。ゆまに書房とは、一九九八年より九年間にわたって宗家文書（通信使記録、江戸藩邸毎日記、倭館館守日記、裁判記録）のマイクロフィルム版を刊行していただいたご縁がある。

このたび本書を刊行するにあたって、旧著の誤字や内容の不備を修正するにとどまらず、説明不足であった倭館外交について第三章に独立してとりあげた。また長文かつ、いささか蛇足の感を免れなかった旧著第六章「朝鮮を調べる」を、思い切って削除することにした。この内容は、『江戸時代朝鮮薬材調査の研究』（一九九九年、慶應義塾大学出版会）で詳細をご覧頂きたい。これに代えて、旧著にはなかった絵図類を新たにとりいれ、さらに「歴代館守一覧表」と「索引」をつけ加えることにし、タイトルも本書が主にとりあげた草梁倭館の別名にかけて『新・倭館　鎖国時代の日本人町』とした。

本書の編集は、ゆまに書房の吉田えり子氏にご尽力いただき、また原稿のデータ入力は渡部厚子さん（慶應義塾大学事務室）にご協力いただいた。長崎県立対馬歴史民俗資料館、国立国会図書館、東京大学史料編纂所、韓国国史編纂委員会など、『宗家文書』の利用にあたっては、常に変わらないご支援・ご協力をいただいている。心からお礼を申しあげたい。

二〇一一年八月

田代和生

参考文献・史料

1　参考文献（本書に関係あるものに限る。著者別、五〇音順）

今村鞆『人蔘史』（思文閣出版）
長節子『中世国境海域の倭と朝鮮』（吉川弘文館）
小田省吾「李氏朝鮮時代に於ける倭館の変遷」（『朝鮮支那文化の研究』　刀江書院）
小田省吾ほか『釜山府史原稿』（民族文化社）
金義煥「釜山倭館の職官構造とその機能について」（『朝鮮学報』一〇八輯）
金東哲（金尚會訳）「民衆世界　十七〜十九世紀の釜山倭館周辺地域民の生活相」（『年報都市史研究』九号）
金東哲（吉田光男訳）『朝鮮近世の御用商人』（法政大学出版局）
金尚寳『朝鮮王朝宮中儀軌飲食文化』（修学社）
金澔『日本に伝えられた朝鮮医書とその特徴』（朝日文化交流協会）
左伯弘次「中世朝鮮の在留日本人」（『月刊しにか』一九九三—一二）
辛基秀『朝鮮通信使』（明石書店）
高正晴子『朝鮮通信使の饗応』（明石書店）
高橋章之助『宗家と朝鮮』（私家版）

田代和生『近世日朝通交貿易史の研究』（創文社）
田代和生『書き替えられた国書』（中央公論社）
田代和生『日朝交易と対馬藩』（創文社）
田代和生・米谷均「宗家旧蔵『図書』と木印」（『朝鮮学報』一五六輯）
田谷博吉『近世銀座の研究』（吉川弘文館）
中村栄孝『日鮮関係史の研究』（吉川弘文館）
橋爪伸子「埋もれた朝鮮菓子―「くわすり」を事例として―」（『風俗史学』三三号）
村井章介『中世倭人伝』（岩波書店）
村岡實『日本人と西洋食』（春秋社）
山本紀綱『長崎唐人屋敷』（謙光社）
柚木学『日本酒の歴史』（雄山閣出版）
尹瑞石（佐々木道雄訳）『韓国食生活文化の歴史』（明石書店）
尹裕淑『近世日朝通交と倭館』（岩田書院）
横山恭子「近世中期朝鮮通信使の乗馬調達」（『朝鮮学報』二一三輯）
吉田光男「李朝末期の漕倉構造と漕運作業の一例―「漕行日録」にみる一八七五年の聖堂倉」（『朝鮮学報』一一三輯）

米谷均「雨森芳洲の対朝鮮外交――「誠信之交」の理念と実態――」（『朝鮮学報』一四八輯）
李進熙『倭館・倭城を歩く』（六興出版）

2　朝鮮史料

『倭人求請謄録』『倭館移建謄録』（以上、ソウル大学校奎章閣文庫所蔵）、『接待事目録抄』（東京大学史料編纂所所蔵）、『海東諸国紀』（田中健夫訳注、岩波書店）、『朝鮮王朝実録』『辺例集要』（以上、国史編纂委員会編）、『通文館志』（韓国珍書刊行会）、『増正交隣志』（亜細亜文化社）、『萬機要覧』（景仁文化社）、『隣語大方』（京都大学国文学研究室編）、『東国輿地勝覧』（朝鮮古書刊行会）、『朝鮮歳時記』（姜在彦訳注、平凡社）、『朝鮮の料理書』（鄭大聲編訳、平凡社）

3　宗家文書

長崎県立対馬歴史民俗資料館所蔵

『御壁書控』『元字標銀記録』『龍頭山神社御祭神記』『朝鮮江被召仕候役々』『御僉官并留館諸役人上下付』『御切手控帳上下人数定式』『和館衣服之制』『朝鮮・佐須奈・鰐浦書付控』『安政六己未年七月去年条一特送使正官人仁位琢磨下人藤次郎、同都船主阿比留左馬介下人喜一郎と申者於和館交奸之一件記録』『於和館御蔵へ盗人候様子館守方より申越候書状口上等之写』『於朝鮮表番手与兵衛刀脇差失候ニ付覚書』『獲虎実録』『館守条書』『軽扶持人』『給假使條書』

国立国会図書館所蔵　『分類紀事大綱（第一期）』『分類事考』『東館修理記録』『西館修補記録』『開市大庁改建記録』『（館守）毎日記』『裁判記録』『唐坊新五郎勤役之節町人飯東喜兵衛・白水与兵衛人参潜商仕相手之朝鮮人共ニ両国被行御制法候一件日帳抜書』『朝鮮渡銀位御願之通往古銀被蒙仰候記録』

東京大学史料編纂所所蔵　『（江戸）毎日記』

韓国・国史編纂委員会所蔵　『分類紀事大綱（第二期～第七期）』『館内制札之儀ニ付存寄之覚』『妓楽一件之覚書』『交奸一件記録』『通訳酬酢』『朝鮮御代官記録』

4　その他史料

『愚塵吐想』『象胥紀聞拾遺』（以上、厳原町公民館所蔵）、『送使約條私記』『対馬志』（以上、芳洲会所蔵）、『御上京之時毎日記』（長崎県立対馬歴史民俗資料館所蔵）、『水戸正伝桃源遺事』（稲垣國三郎注解、清水書店）、『通航一覧』（清文堂出版）、『半日閑話』（『日本随筆大成』所収）、『和漢三才図会』（東京美術）、『朝鮮通交大紀』（田中健夫・田代和生校訂、名著出版）、『信使通筋覚書、朝鮮人好物附之写』（上関町教育委員会ほか編『吉川藩朝鮮通信使上関記録』所収）、『宗氏家譜略』『宗氏家譜』（以上、鈴木棠三編、村田書店）、『象胥紀聞』（村田書店）、『賀島兵介言上書』（『日本経済叢書』所収）、『裁判記録』（泉澄一編、『関西大学東西学術研究所資料集刊』十一―三）、『交隣須知』（京都大学国文学研究室編）、『日本料理法大全　続』（第

一出版)、『日本料理秘伝集成』(同朋舎出版)、『朝鮮図絵』(京都大学附属図書館所蔵)

倭館　歴代館守一覧

No.	館守名	実名	館務請取日	館守日記 現存冊数	館守日記 *リール番号	館守日記 記載年月日	備考
一	内野権兵衛	平成連	寛永一四（一六三七）年一一月				
二	嶋雄権之介	平智連	寛永一六（一六三九）年五月				
三	寺田市郎兵衛	橘成般	寛永一九（一六四二）年六月				
四	古川伊右衛門	平成倫	正保元（一六四四）年四月				
五	高瀬外記	平成仍	正保四（一六四七）年四月				
六	佐護清兵衛	平成里	慶安二（一六四九）年六月				
七	古川弥次右衛門	平成行	慶安四（一六五一）年八月				
八	平田斎宮（初任）	平成久	承応二（一六五三）年				
九	多田源右衛門	橘成税	明暦二（一六五六）年六月				

No.	館守名	実名	館務請取日	館守日記 現存冊数	館守日記 リール番号	館守日記 記載年月日	備考
一〇	仁位格兵衛	平成直	万治元（一六五八）年一〇月				
一一	三浦内蔵丞	平成幸	寛文元（一六六一）年三月				
一二	吉川六郎右衛門	平成尚	寛文三（一六六三）年三月				
一三	仁位孫右衛門	平成之	寛文四（一六六四）年一一月				
一四	幾度判右衛門	平成稔	寛文七（一六六七）年一〇月				
一五	唐坊忠右衛門	平成辰	寛文一〇（一六七〇）年三月				
一六	高瀬八右衛門	平成常	延宝元（一六七三）年一二月				
一七	平田所左衛門	平成尚	延宝三（一六七五）年七月				
一八	内山郷左衛門	平成友	延宝七（一六七九）年正月				
一九	浅井平左衛門	藤成尚	延宝八（一六八〇）年九月				

二〇	平田斎宮（再任）	平成久	天和三（一六八三）年四月				
二一	幾度弟（大）右衛門	平成尚	貞享二（一六八五）年八月				
二二	吉田作右衛門	橘雪勝	貞享四（一六八七）年九月二六日	一	1	貞享四（一六八七）年九月二三日～貞享五（一六八八）年三月一九日	死去に付、貞享五年三月以降裁判唐坊忠右衛門・平田勝右衛門が兼勤。
二三	深見弾右衛門	平成紀	貞享五（一六八八）年八月六日	五	1	貞享五（一六八八）年八月朔日～元禄三（一六九〇）年九月一六日	
二四	嶋雄八左衛門（初任）	平一正	元禄三（一六九〇）年九月一六日	四	2－1	元禄三（一六九〇）年九月一五日～元禄五（一六九二）年七月一一日	
二五	仁位助之進	平成勝	元禄五（一六九二）年七月一一日	四	2	元禄五（一六九二）年七月九日～元禄六（一六九三）年一一月朔日	死去に付、元禄六年八月四日以降一代官高崎仙右衛門が兼勤。
二六	幾度六右衛門	平負直	元禄六（一六九三）年一一月朔日	七	2	元禄六（一六九三）年一一月朔日～元禄八（一六九五）年六月二三日	
二七	内野権兵衛	平信豊	元禄八（一六九五）年六月二四日	八	3－2	元禄八（一六九五）年六月一九日～元禄一〇（一六九七）年閏二月二九日	

No.	館守名	実名	館務請取日	館守日記 現存冊数	館守日記 リール番号	館守日記 記載年月日	備考
二八	唐坊新五郎	平一好	元禄一〇（一六九七）年六月二日	九	4－3	元禄一〇（一六九七）年六月一二日～元禄一二（一六九九）年八月一六日	
二九	寺田市郎兵衛	橘武久	元禄一二（一六九九）年八月二三日	九	5－4	元禄一二（一六九九）年八月二三日～元禄一四（一七〇一）年九月二二日	
三〇	嶋雄八左衛門（再任）	平方正	元禄一四（一七〇一）年九月二二日	一一	6－5	元禄一四（一七〇一）年九月二二日～元禄一六（一七〇三）年一二月二一日	
三一	小川又三郎	橘方之	元禄一六（一七〇三）年一二月二一日	二	6	元禄一六（一七〇三）年一二月二一日～宝永元（一七〇四）年九月三〇日	
三二	俵五郎左衛門	藤方元	宝永二（一七〇五）年九月七日	六	7－6	宝永二（一七〇五）年九月七日～宝永五（一七〇八）年一月一五日	
三三	樋口久米右衛門	平方利	宝永四（一七〇七）年八月晦日	七	8－7	宝永四（一七〇七）年二月一五日～宝永六（一七〇九）年一一月二六日	

三四	平田所左衛門	平成尚	宝永六（一七〇九）年一一月二六日	六	8	宝永六（一七〇九）年二月八日〜宝永八（一七一一）年三月二五日	
三五	樋口内記	平真致	宝永八（一七一一）年三月二五日	五	9－8	宝永八（一七一一）年三月二五日〜正徳二（一七一二）年一二月二三日	
三六	吉川六郎左衛門	平尚誠	正徳二（一七一二）年一二月一五日	一一	10－9	正徳二（一七一二）年五月五日〜正徳四（一七一四）年一一月一二日	
三七	吉田兵左衛門	橘雪親	正徳四（一七一四）年一一月一二日	一二	11－10	正徳三（一七一三）年九月二日〜享保二（一七一七）年四月二三日	
三八	井田四兵衛	橘経朗	享保二（一七一七）年四月二三日	八	12－11	享保元（一七一六）年九月八日〜享保四（一七一九）年二月一九日	
三九	浅井與左衛門（初任）	藤久敬	享保四（一七一九）年二月一九日	一三	14〜12	享保三（一七一八）年三月一一日〜享保六（一七二一）年五月一五日	
四〇	樋口弥五左衛門	平順正	享保六（一七二一）年五月一五日	六	15－14	享保五（一七二〇）年五月一五日〜享保八（一七二三）年七月二日	

No.	館守名	実名	館務請取日	館守日記 現存冊数	館守日記 リール番号	館守日記 記載年月日	備考
四一	仁位孫右衛門	平信明	享保八（一七二三）年七月二日	六	16－15	享保八（一七二三）年五月二五日～享保九（一七二四）年一〇月一七日	死去に付、享保九年九月四日以降一代官中原伝蔵・老頭古川伊右衛門が兼勤。
四二	平田所左衛門	平尚致	享保九（一七二四）年一〇月一七日	八	17－16	享保九（一七二四）年七月二日～享保一一（一七二六）年一一月二二日	
四三	吉川内蔵允	平勝美	享保一一（一七二六）年一一月二二日	八	18－17	享保一一（一七二六）年一二月一五日～享保一三（一七二八）年一〇月二九日	
四四	平田内膳（直右衛門）（初任）	平方泰	享保一三（一七二八）年一〇月二九日	七	18	享保一三（一七二八）年一一月一六日～享保一五（一七三〇）年九月九日	
四五	杉村帯刀	平方亮	享保一五（一七三〇）年九月六日	一六	20－19	享保一五（一七三〇）年三月朔日～享保一七（一七三二）年二月一六日	
四六	幾度六右衛門	平守経	享保一七（一七三二）年二月一五日	一二	22～20	享保一六（一七三一）年九月二日～享保一八（一七三三）年一〇月二二日	

四七	松尾杢	平方広	享保一八（一七三三）年一〇月二一日	一〇	22	享保一八（一七三三）年六月三〇日～享保二〇（一七三五）年三月二〇日	死去に付、享保二〇年正月一四日以降裁判浅井與左衛門が兼勤。
四八	嶋雄八左衛門	平矩房	享保二〇（一七三五）年三月二〇日	一一	24－23	享保二〇（一七三五）年一一月一三日～元文二（一七三七）年四月一六日	
四九	平田直右衛門（再任）	平方泰	元文二（一七三七）年四月九日	一三	25－24	元文二（一七三七）年一一月二七日～元文四（一七三九）年四月一〇日	
五〇	俵主膳	藤方紹	元文四（一七三九）年四月八日	一一	26－25	元文四（一七三九）年四月朔日～寛保元（一七四一）年五月七日	
五一	浅井與左衛門（再任）	藤誠久	寛保元（一七四一）年四月一六日	九	27－26	元文五（一七四〇）年二月一六日～寛保二（一七四二）年一一月一二日	
五二	内野市郎左衛門(二)	平如尚	寛保二（一七四二）年一一月四日	五	28	寛保二（一七四二）年一月一二日～寛保三（一七四三）年八月九日	
五三	平田所左衛門	平如亮	寛保三（一七四三）年八月九日	八	29－28	寛保三（一七四三）年六月一七日～延享元（一七四四）年一〇月一九日	病気に付、延享元年八月一三日以降平田直右衛門が兼勤。
五四	幾度治左衛門	平如親	延享元（一七四四）年一〇月一九日	一〇	30－29	延享元（一七四四）年二月二七日～延享三（一七四六）年一〇月二八日	
五五	内野権兵衛	平隆豊	延享三（一七四六）年一〇月二三日	一三	31－30	延享二（一七四五）年一二月一九日～寛延元（一七四八）年一一月一二日	

No.	館守名	実名	館務請取日	館守日記 現存冊数	館守日記 リール番号	館守日記 記載年月日	備考
五六	多田平左衛門（初任）	橘如棟	寛延元（一七四八）年一一月七日	九	32－31	延享五（一七四八）年一月九日〜寛延三（一七五〇）年九月二〇日	
五七	樋口勘吾	平致信	寛延三（一七五〇）年九月二〇日	一五	34〜32	寛延二（一七四九）年一一月九日〜宝暦三（一七五三）年正月二七日	
五八	吉田七左衛門	平久敬	宝暦三（一七五三）年正月二〇日	一〇	35－34	寛延四（一七五一）年一〇月一〇日〜宝暦四（一七五四）年九月一六日	死去に付、宝暦四年九月一六日以降裁判幾度九左衛門が兼勤、ついで同年一〇月七日以降一代官平田権右衛門・老頭小嶋平右衛門が兼勤。
五九	杉村帯刀	平久任	宝暦四（一七五四）年一一月七日	一	35	宝暦三（一七五三）年八月六日〜宝暦五（一七五五）年二月一〇日	
六〇	多田主計（再任）	橘如棟	宝暦五（一七五五）年二月一〇日	一三	37－36	宝暦四（一七五四）年一二月一六日〜宝暦八（一七五八）年四月七日	
六一	平田所左衛門	平如任	宝暦八（一七五八）年四月七日	一一	38－37	宝暦七（一七五七）年一二月七日〜宝暦一〇（一七六〇）年五月二五日	

六二	平田内膳	平蕃泰	宝暦一〇（一七六〇）年五月一一日	六	39－38	宝暦一〇（一七六〇）年四月一九日～宝暦一二（一七六二）年四月二六日	死去に付、宝暦一二年正月朔日以降一代官高木安達・老頭村勢作兵衛が兼勤。
六三	戸田重左衛門	源久一	宝暦一二（一七六二）年四月二六日	一二	40－39	宝暦一一（一七六一）年一〇月一五日～明和元（一七六四）年閏一二月二日	
六四	杉村弁之進（初任）	平弘毅	明和元（一七六四）年九月二一日	一四	42－41	宝暦一三（一七六三）年七月二四日～明和四（一七六七）年二月一六日	
六五	小河右近右衛門	平元徳	明和四（一七六七）年二月三日	一一	42	明和三（一七六六）年三月一九日～明和七（一七七〇）年三月七日	
六六	田嶋左近右衛門	平長泰	明和七（一七七〇）年二月二八日	九	43	明和四（一七六七）年一二月二六日～明和九（一七七二）年四月六日	
六七	岩崎喜左衛門	源令徳	明和九（一七七二）年三月一〇日	一四	44－43	明和八（一七七一）年六月一二日～安永三（一七七四）年一二月二一日	
六八	杉村弁之進（再任）	平暢弘	安永三（一七七四）年四月一九日	一二	46－45	安永二（一七七三）年九月八日～安永六（一七七七）年三月一八日	

No.	館守名	実名	館務請取日	館守日記 現存冊数	館守日記 リール番号	館守日記 記載年月日	備考
六九	原宅右衛門	藤暢規	安永六（一七七七）年二月四日	九	47－46	安永四（一七七五）年三月一八日～安永八（一七七九）年三月一三日	
七〇	戸田頼母（初任）	源暢明	安永八（一七七九）年三月一七日	一五	48－47	安永五（一七七六）年一〇月一三日～天明元（一七八一）年七月一一日	
七一	幾度主膳	平圓	天明元（一七八一）年六月一七日	一六	50～48	安永一〇（一七八一）年一一月二一日～天明四（一七八四）年閏正月一一日	
七二	嶋雄太膳	平良以	天明四（一七八四）年正月二五日	一四	51－50	天明二（一七八二）年一〇月四日～天明六（一七八六）年五月二一日	
七三	吉田彦右衛門	橘功叙	天明六（一七八六）年三月二八日	六	51	天明五（一七八五）年七月五日～天明七（一七八七）年二月二九日	不首尾にて罷免、天明七年（三月？）以降一代官味木左衛が兼勤。
七四	戸田頼母（再任）	源暢明	天明七（一七八七）年四月二二日	一五	53－52	天明七（一七八七）年三月二一日～寛政二（一七九〇）年五月一一日	

七五	多田左膳	橘種棟	寛政二（一七九〇）年五月四日	八	53	寛政元（一七八九）年八月一三日～寛政三（一七九一）年九月九日	
七六	小川縫殿介	橘徳久	寛政三（一七九一）年八月晦日	一〇	54	寛政三（一七九一）年五月一四日～寛政五（一七九三）年四月二五日	
七七	戸田頼母（三任）	源暢明	寛政五（一七九三）年四月一八日	一二	56-55	寛政五（一七九三）年二月三日～寛政七（一七九五）年一〇月一五日	
七八	樋口左近	平致孝	寛政七（一七九五）年一〇月九日	二	56	寛政七（一七九五）年二月二二日～寛政八（一七九六）年三月二四日	死去に付、寛政八年正月一八日より裁判黒木勝見・一代官山崎初右衛門が兼勤。
七九	戸田頼母（四任）	源暢明	寛政八（一七九六）年三月二四日	二三	58～56	寛政八（一七九六）年一月二三日～寛政一二（一八〇〇）年一二月一三日	任期後も留館（通信使行節目講定を仰付られる）、文化七年六月二七日乗船帰国。
八〇	大浦兵左衛門	平英勝	寛政一二（一八〇〇）年一二月一〇日	一九	60-59	寛政一二（一八〇〇）年六月二六日～文化二（一八〇五）年二月二三日	
八一	番盛之介	平時之	文化二（一八〇五）年二月九日	九	61-60	文化元（一八〇四）年七月二七日～文化四（一八〇七）年一〇月一四日	
八二	鈴木一之進	藤則定	文化四（一八〇七）年一〇月一四日	一三	62-61	文化三（一八〇六）年八月一二日～文化七（一八一〇）年五月朔日	

No.	館守名	実名	館務請取日	館守日記 現存冊数	館守日記 リール番号	館守日記 記載年月日	備考
八三	田中所左衛門	藤久一	文化七（一八一〇）年四月一五日	一四	63－62	文化六（一八〇九）年一二月二八日～文化一〇（一八一三）年一〇月二七日	
八四	小河三四郎	平功永	文化一〇（一八一三）年九月二三日	一二	64	文化八（一八一一）年八月～文化一二（一八一五）年七月朔日	
八五	小野十郎兵衛	源功世	文化一二（一八一五）年五月二〇日	七	65	文化一二（一八一五）年一一月二一日～文化一四（一八一七）年四月二日	病気に付、御役御免。文化一三年六月晦日以降、一代官中村伝次郎が兼勤。
八六	平田帯刀	平質直	文化一四（一八一七）年四月二日	一五	66－65	文化一三（一八一六）年九月六日～文政三（一八二〇）年四月二四日	
八七	幾度八郎左衛門	平允	文政三（一八二〇）年四月二二日	九	67	文政二（一八一九）年一一月四日～文政五（一八二二）年五月二〇日	
八八	原大作	藤功雄	文政五（一八二二）年四月一八日	一〇	68	文政四（一八二一）年九月一一日～文政七（一八二四）年七月六日	
八九	小川外記（初任）	橘敏行	文政七（一八二四）年五月一四日	九	69	文政六（一八二三）年八月二六日～文政九（一八二六）年一一月三日	

九〇	三浦大蔵	平功直	文政九（一八二六）年五月一七日	二	70	文政九（一八二六）年三月一六日～文政九（一八二六）年一一月六日	死去に付、留館中の前館守小川外記が文政九年一一月六日以降再勤。
九一	小川外記（再任）	橘敏行	文政九（一八二六）年一一月六日	三	70	文政九（一八二六）年一一月六日～文政一〇（一八二七）年閏六月一八日	
九二	三浦内蔵允	平直見	文政一〇（一八二七）年閏六月一六日	一〇	71－70	文政一〇（一八二七）年一二月一日～文政一二（一八二九）年九月六日	
九三	仁位久兵衛	平功生	文政一二（一八二九）年八月朔日	六	71	文政一一（一八二八）年一一月一三日～文政一三（一八三〇）年九月一四日	死去に付、文政一三年三月二六日以降裁判小野十郎兵衛が兼勤、ついで同年四月二一日以降同じく裁判嶋雄権左衛門が兼勤。
九四	仁位孫一郎	平信復	文政一三（一八三〇）年九月一四日	一五	73－72	文政一三（一八三〇）年七月二二日～天保五（一八三四）年七月一三日	
九五	樋口亘理	平質連	天保五（一八三四）年七月八日	一〇	74	天保三（一八三二）年九月二八日～天保七（一八三六）年一二月八日	

No.	館守名	実名	館務請取日	館守日記 現存冊数	館守日記 リール番号	館守日記 記載年月日	備考
九六	吉川右近	平勝輝	天保七（一八三六）年一一月一八日	一六	76－75	天保七（一八三六）年八月一六日～天保一三（一八四二）年二月二八日	
九七	古川采女	平敏徳	天保一一（一八四〇）年七月一二日	二七	80～76	天保一〇（一八三九）年一一月二八日～弘化五（一八四八）年三月二二日	
九八	樋口弾正		弘化三（一八四六）年九月一二日	一三	82－81	天保一四（一八四三）年五月五日～嘉永三（一八五〇）年五月一一日	
九九	吉田大蔵（外守）		嘉永三（一八五〇）年正月二一日	一四	84－82	嘉永元（一八四八）年一一月二三日～嘉永六（一八五三）年二月一九日	
一〇〇	俵郡左衛門		嘉永六（一八五三）年二月三日	三五	88～84	嘉永五（一八五二）年五月一三日～文久元（一八六一）年六月二三日	病気に付、万延元年七月朔日以降講正使古川采女が兼勤。
一〇一	吉川内記		文久元（一八六一）年六月二二日	五	90－89	万延元（一八六〇）年一二月二日～文久三（一八六三）年四月一七日	帰国の命により文久三年正月二一日以降一代官倉田壮右衛門が兼勤。

一〇二	番縫殿介（高麗造）（初任）		文久三（一八六三）年四月一七日	一一	92－91	文久三（一八六三）年一月一六日～慶応二（一八六六）年一月六日	
一〇三	原宅右衛門		元治二（一八六五）年六月一一日	五	93－92	元治二（一八六五）年一月一二日～慶応二（一八六六）年一二月三〇日	
一〇四	番縫殿介（高麗造）（再任）		慶応三（一八六七）年四月朔日	二二	96～94	慶応二（一八六六）年九月一三日～明治三（一八七〇）年閏一〇月五日	
一〇五	深見六郎				96		明治六年倭館接収まで在任。

〔参考文献〕
宗家文書『（館守）毎日記』国立国会図書館所蔵
長正統「日鮮関係における記録の時代」『東洋学報』五〇巻四号
『倭館館守日記・裁判記録　別冊上・中・下』ゆまに書房

＊リール番号は、ゆまに書房刊マイクロフィルム番号を示している。

［き］

［く］

《事項索引》

《人名索引》

索引

著者紹介

田代和生（たしろ・かずい）

1946年札幌市生まれ。慶應義塾大学大学院教授を経て、2011年同大学名誉教授。同年紫綬褒章受章。文学博士。1968年より対馬島を中心に史料調査を開始。1998年～2006年国内外に散在する膨大な宗家文書のマイクロフィルム資料『対馬宗家文書』（ゆまに書房）を監修。著書に『近世日朝通交貿易史の研究』『日朝交易と対馬藩』（以上、創文社）、『書き替えられた国書』（中央公論社）、『江戸時代朝鮮薬材調査の研究』（慶應義塾大学出版会）など。

ゆまに学芸選書
ULULA
2

新《しん》・倭館《わかん》——鎖国時代《さこくじだい》の日本人町《にほんじんまち》

2011年9月2日　第1版第1刷発行
2013年3月25日　第1版第2刷発行

［著者］　田代和生

［発行者］　荒井秀夫
［発行所］　株式会社ゆまに書房
〒101-0047　東京都千代田区内神田2-7-6
tel. 03-5296-0491 / fax. 03-5296-0493
http://www.yumani.co.jp
［印刷・製本］　新灯印刷株式会社
［組版］　有限会社ぷりんてぃあ第二

ISBN978-4-8433-3612-0 C1321

……〝書物の森〟に迷い込んでから数え切れないほどの月日が経った。〝ユマニスム〟という一寸法師の脇差にも満たないような短剣を携えてはみたものの、数多の困難と岐路に遭遇した。その間、あるときは夜行性の鋭い目で暗い森の中の足元を照らし、あるときは聖母マリアのような慈愛の目で迷いから解放し、またあるときは高い木立から小動物を射止める正確な判断力で前進する勇気を与えてくれた、守護神「ULULA」に深い敬愛の念と感謝の気持ちを込めて……

2009年7月

株式会社ゆまに書房